EL ORIENTE DESEADO

Aproximación lacaniana a Rubén Darío

Gustavo Geirola

EL ORIENTE DESEADO

Aproximación lacaniana a Rubén Darío

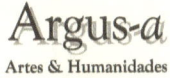

Argus-*a*

Artes y Humanidades / Arts and Humanities

Buenos Aires - Los Ángeles

2015

Segunda Edición

ISBN 978-0-9904445-2-7

© 2015 Gustavo Geirola

Fotos de tapa y contratapa: Gentileza de Donnie L. Bryant.

Diseño de tapa: Argus-*a*

Primera Edición:

El Oriente deseado: Aproximación lacaniana a Rubén Darío.

Madrid: Ediciones de Orto/Universidad de Minnesota, 2013.

Editorial Argus-*a*

16944 Colchester Way,

Hacienda Heights, California 91745

U.S.A.

Calle 77 No. 1976 – Dto. C

1650 San Martín – Buenos Aires

ARGENTINA

argus.a.org@gmail.com

INDICE

Prefacio a la segunda edición

PREFACIO A LA SEGUNDA EDICION

La segunda edición de este breve ensayo sobre Rubén Darío reproduce casi en su totalidad la versión ya publicada en 2013 por la Biblioteca Crítica de las Literaturas Luso-Hispánicas, colección dirigida por Rodolfo Cardona y Anthony N. Zahareas. Se han realizado algunos retoques al texto y algunos mínimos agregados para facilitar la comprensión de alguna frase o algún concepto.

Introducción

¡Oh, mi Oriente deseado, por quien sufro la nostalgia de lo desconocido!

Rubén Darío, "El humo de la pipa", *Cuentos completos* 188

Indefenso, al sentir la aproximación de "la cosa", quise huir y no pude, y aquella sepulcral materialización siguió acercándose a mí, paralizándome y dándome una impresión de horror inexpresable.

Rubén Darío, *Autobiografía*, I, 34.

Oriente es para Darío un objeto "deseado", de modo que su deseo, como falta de objeto, se dirige hacia una meta en cierto modo inalcanzable y, como sabemos, inalcanzada, ya que Darío—a diferencia de otros modernistas—nunca pudo viajar a esa región, la cual permanecerá en él imaginada, es decir, abastecida por los estereotipos y los textos provistos por el Otro, especialmente europeo. Sin embargo, Darío dice sufrir "nostalgia", con lo cual abre su hermosa frase a otra dimensión interpretativa. La nostalgia, tal como la define el *Diccionario de la Real Academia*, es una "Tristeza melancólica originada por el recuerdo de una dicha perdida" y, además, tiene que ver con la "Pena de verse ausente de la patria o de los deudos o amigos". Dos cosas deben atraer nuestra atención aquí: por una parte, Darío posiciona el Oriente como un objeto perdido, que da origen a un duelo por la pérdida de un objeto amado, lo cual no deja de ser una paradoja, porque nunca lo tuvo; y por otra parte, no deja de insinuar que el Oriente es también su propia patria. No hay que ser demasiado freudo-lacaniano para entender esta paradoja: lo perdido del deseo es justamente aquello que lo causa; es además lo que el deseo busca, aquello que añora; el objeto perdido es lo que además ha sido prohibido—triangulación edípica de por medio—en el pasaje de lo imaginario a lo simbólico: la Madre.[1] Y se podría ir más allá en la conjetura: Darío busca no sólo lo que perdió, sino lo que no conoce y que, a pesar de todas sus lecturas, a pesar del reencuentro, no va a poder (re)conocer.[2]

---

[1] Gabriella Chavarría U. elabora la relación de Darío con la ciudad europea al detectar el punto de vista "panorámico" que Darío usa para describirlas: Madrid, como una ciudad atrasada y París, que lo irá desilusionando paulatinamente hasta hacer de Buenos Aires su ciudad ideal. Sin embargo, Darío no usa ese punto de vista para las ciudades centroamericanas y no hay en él menosprecio por ellas. "Para Darío—nos dice Chavarría U.—España y Centroamérica son el dulce recuerdo de sus raíces culturales, *de la madre*, de la infancia y de la belleza de la arquitectura colonial. Creemos, además, que todas ellas son relevantes en la formación de su conciencia civil, y que esta conciencia de la periferia influye en la búsqueda de una ciudad hispanoamericana que pueda subvertir a París como Buenos Aires" (91-91, n. 3, el subrayado es mío).

[2] La cuestión de la madre en Darío, que solo abordaremos lateralmente en este estudio, merece un tratamiento especial y detallado. No hay que olvidar que en su *Autobiografía* nos refiere que vivió con su "Mamá Bernarda" y su marido el coronel, a quien creyó ser su padre por bastante tiempo. Los padres de Darío, casados por conveniencia, se habían separado cuando él era muy pequeño. Hay una genealogía dislocada en relación al Nombre-del-Padre que, sin duda, reaparecerá en los problemas de Darío con sus hijos y su paternidad y hasta con su relación al liderazgo del movimiento modernista. Como intentaremos ver más adelante, Darío siempre recusó ser imitado por discípulos y también se sorprende cuando Martí, que algo sabía del poder, lo llama "hijo". Un día una vecina le presenta a una señora, llamada Rosa, que es "su verdadera madre [la que] ha venido a verte desde muy lejos". A su padre lo conocía, pero creía que era su tío y supo de la paternidad de éste ya cuando era más grande. Darío anota que la madre lo abrazó y lo besó llorando, pero "sin decirme una sola palabra" (I, 33); es sugestiva esta relación de la madre con la cuestión

Como lo dice José Ortega, aunque sin referirse al Oriente o a "la cosa", Darío "como sujeto moderno se haría a sí mismo a la medida del deseo, que se le había aparecido, muy temprano, como el signo de su identidad y destino" (34). Es que todos esos estereotipos y textos orientalistas que le provee el Otro no logran alcanzar o conocer el objeto de deseo. No olvidemos aquí que, como lo plantea Yonghu Dai, para Darío "[l]a China y el Japón ya no son sólo un 'otro' exótico, sino un posible origen del hombre hispanoamericano. Darío se hace aquí un verdadero precursor [que, como Tablada y Octavio Paz, es] un firme creyente en el origen asiático de los pueblos indígenas" (232).

Como Lacan nos enseñó, hay una inadecuación estructural entre el deseo y la palabra; aunque es por medio de la cadena significante que podemos tener algún acceso al deseo y a la *verdad* del deseo, lo cierto es que siempre queda un resto, puesto que lo

---

del silencio y el hecho de que Darío la designe como una "rara visión" (I, 33), adjetivo que, como sabemos, sustantivará después en *Los raros* (1896), uno de sus libros más polémicos. Solamente hay que indicar aquí que si la Cosa, *Das Ding*, es lo perdido, lo real negado por la prohibición del incesto, lo excluido pero éxtimo a lo simbólico, también está relacionado con el goce y con la madre. Sin plantearnos aquí hacer de Darío un caso clínico, nos interesa sin embargo remarcar que las alucinaciones que aparecerán tardíamente en su vida, podrían ser episodios psicóticos ligados a esta situación. Aunque en nuestro estudio sostenemos un Darío neurótico—como mecanismo de producción poético y no como patología del autor—no sería descaminado jugar con la hipótesis de lo psicótico para leer al menos parte de su obra y del discurso modernista. Sacaríamos, sin duda, algunos réditos críticos para formular nuevas hipótesis interpretativas si cotejáramos—como lo haremos más adelante en forma muy abreviada—la obra dariana y el discurso modernista con las *Memorias* de Schreber y el *Seminario 3* de Lacan.

inconsciente no puede conocerse en su totalidad. Oriente, para Darío, no está en la dimensión de la demanda de saber, sino justamente como 'deseado', es decir, con la imposibilidad estructural de ser satisfecho. El Oriente, como objeto *a*, será entonces la causa del deseo y, consecuentemente, aquello que falta; no será aquello a lo que tiende el deseo como meta, porque el deseo no tiende a un objeto, sino a una falta de objeto. Lacan dará múltiples desarrollos a esta cuestión a lo largo de su enseñanza, pero al menos con esta pequeña introducción, podemos plantear el Oriente dariano en la dimensión de una falta estructural nunca colmable. También podemos decir que el Oriente dariano se sitúa en la dimensión de la Cosa (*Das Ding*). No habiendo visitado nunca el Oriente, como fue el caso de Gómez Carrillo, no es caprichoso que el Oriente de Darío se ubique en la dimensión de la Cosa y del goce. Su archivo de imágenes orientalistas, tomadas del registro simbólico de la cultura colonial europea, no logra sin embargo recubrir esa extimidad radical del goce que, no obstante, siempre se las arregla para fisurar el lenguaje, desgarrarlo—hace más peligrosa la grieta a la que se refiere Said (156)—aunque más no sea por medio de un error, de un ritmo, de una onomatopeya o incluso de una inocente maldición.

Los estereotipos e imágenes que Darío toma del archivo orientalista y que parecen sin duda seducir y satisfacer las poses narcisistas del yo, son, para el Darío-escritor, señuelos del Otro que no lo engañan, en los que, como veremos, no queda atrapado ya que la escritura, aunque no pueda nombrarla, se las arregla para apuntar a la Cosa, a ese objeto *a* no especularizable en lo simbólico.[3]

---

[3] En este estudio se diferencia el narrador y el sujeto o yo poético del sujeto de la escritura. Los dos primeros corresponden al registro imaginario en Lacan, mientras que el segundo es pensado en este estudio como el $\mathcal{S}$ de la fórmula del fantasma $\mathcal{S}\lozenge a$.

La Cosa, que lo había aterrorizado en el sueño de infancia, tal como lo menciona en su *Autobiografía*, es justamente eso que está fuera del lenguaje, pero éxtimo a lo simbólico, que llamamos objeto *a*, como plus-de-goce, objeto perdido del deseo, objeto entrañable, maternal, el objeto prohibido y del que el sujeto está separado, manteniéndose a cierta distancia, gracias al principio del placer. Intentar alcanzarlo supone ir más allá del principio del placer y abrir así la dimensión trágica. Esa Cosa (*Das Ding*), situada en lo Real, constituye la dimensión del goce, instancia de sufrimiento para el sujeto, que "sufre del significante" (*Seminario 7*, 127), como de alguna manera lo manifiesta la onomatopeya gutural o el gemido de Miss Mary en "La Miss" (1893), al borde mismo de la articulación simbólica, pero sin decantar como palabra, como veremos más adelante en el cuento "La Miss". Darío, como hemos visto, elabora su estética a partir de esta necesidad de llevar el lenguaje hasta sus límites expresivos y por eso se posiciona como un mártir; como lo dice en "Dilucidaciones", al comienzo de *El canto errante*, apelando a un lenguaje bastante sexual, "he querido penetrar el alma de los demás, y hundirme en la vasta alma universal" (V, 956).[4] La onomatopeya es, en cierto modo, el fracaso del lenguaje, su límite, por cuanto, como bien lo expresa el diccionario, es una "Imitación o recreación del sonido de algo en el vocablo que se forma para significarlo" pero sin llegar a significarlo. Darío, en "Momotombo" atribuye a Hugo la capacidad de haber escuchado en la onomatopeya de ese nombre del volcán nicaragüense un "ritmo [...] que es de eternidad" (V, 967), es decir, otra vez, los murmullos de la Cosa, de *Das Ding*.

Al decir que "sufre la nostalgia de lo desconocido" apunta a

---

[4] Todas las citas son de las *Obras completas*. Se indica tomo en números romanos y página del volumen. Más adelante, para los cuentos, seguimos la edición de Ernesto Mejía Sánchez de los *Cuentos completos*.

un dolor, el dolor del duelo por la pérdida del objeto amado, insustituible e incognoscible que no es cualquier objeto sino aquel profundamente involucrado en el narcisismo; es, pues, un duelo que remite a la ausencia del objeto y, en última instancia, remite a la muerte, la propia y la ajena. Freud trabajó esta pérdida en *Duelo y melancolía* (15), entre otros textos, y Lacan se replanteó el tema en algunos de sus seminarios, pero especialmente en el *Seminario 6 El deseo y su interpretación*, en relación a *Hamlet*, de Shakespeare, a la que denomina "la tragedia del deseo". Lacan también volvió sobre el duelo en el *Seminario X La angustia*. Allí nos dice que "Solo estamos de duelo por alguien de quien podemos decirnos *Yo era su falta*. Estamos de duelo por personas a quienes hemos tratado bien o mal y respecto a quienes no sabíamos que cumplíamos la función de estar en el lugar de su falta" (155). Lacan nos recuerda que en el amor damos lo que no tenemos y cuando eso que no tenemos nos regresa, se nos revela "aquello en lo que faltamos a la persona para representar su falta" (155); ese desconocimiento invierte la función: de ser su falta, pasamos a estar en falta con esa persona y "precisamente por eso le éramos preciosos e indispensables" (155). Desde esta perspectiva, el viaje de regreso a Buenos Aires, a América Latina, en el que se ubica la acción del relato "La Miss" que vamos a trabajar más adelante, nos permite ver un cierto cambio de posición de Darío respecto del Otro europeo. Asimismo, la relación con Hamlet que está presente también en ese texto de Darío, no está ajena a la transformación que detectamos en esta travesía transatlántica que Julio Ortega define como "del gozo de lo nuevo, de los bienes arcaicos, de las promesas del futuro" (23).

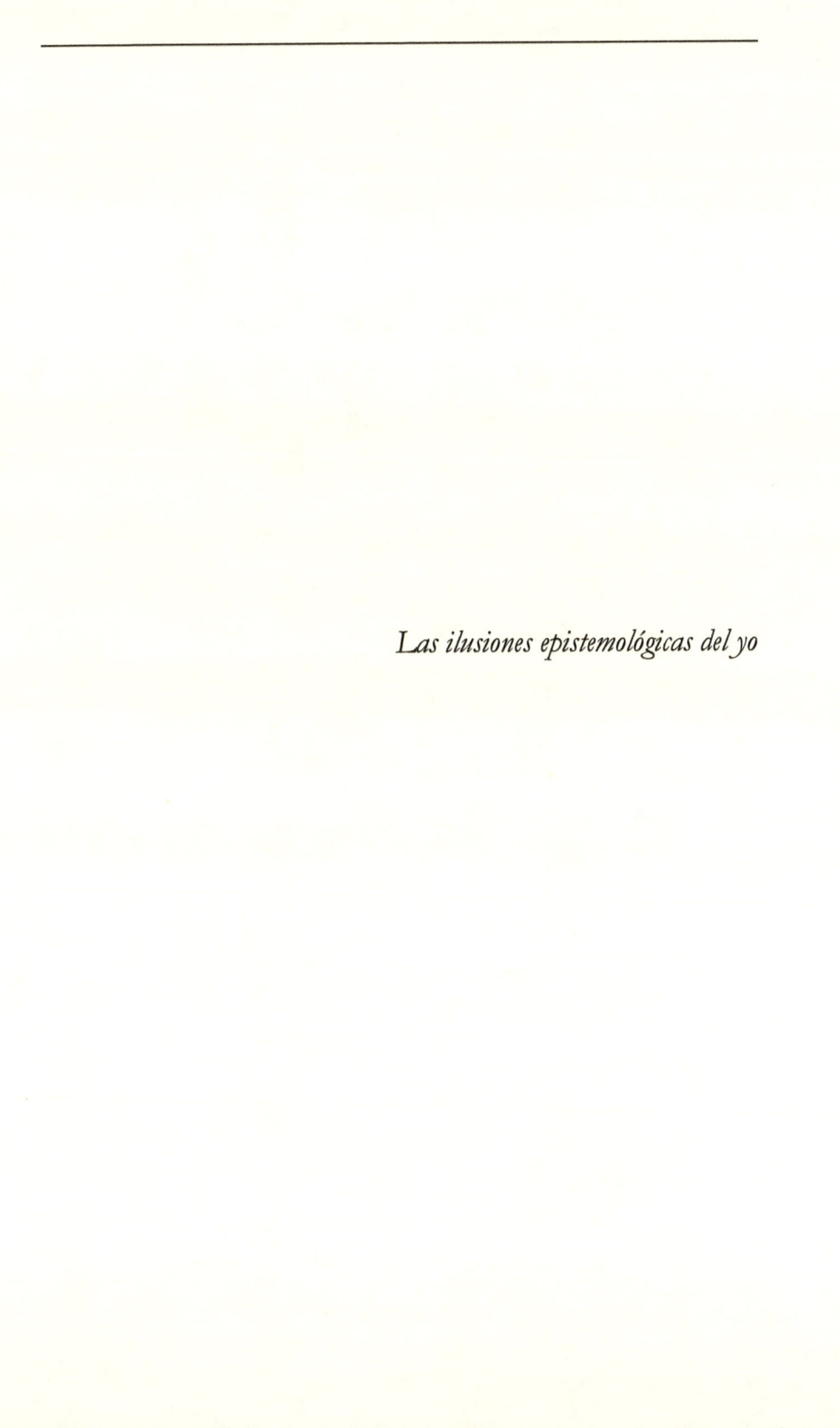

Las ilusiones epistemológicas del yo

Quizá el objetivo más importante de todos sería estudiar alguna posible alternativa contemporánea al orientalismo, preguntarse cómo se pueden estudiar otras culturas y pueblos desde una perspectiva libertaria, y no represiva o manipulativa. Pero entonces habría que replantearse el complejo problema del conocimiento y el poder. Todos estos son objetivos que he dejado sin completar en este estudio, lo cual no deja de ser embarazoso.

Edward W. Said, *Orientalismo*, 49.

¿Será posible alcanzar al objeto, al otro, como otro, sin la mediación e imposición de las imágenes del yo? ¿O tendremos que asumir, como nos ha enseñado Lacan, que no hay manera de abordar al otro más que a través del juego de imágenes provistas por el Otro en las que el yo se aliena? ¿Será posible conocer los avatares del propio deseo sin los semblantes del objeto *a*? ¿Es esto voluntario o estructural?

El yo emerge del estadio del espejo como ilusoriamente completo, producto de la operación de alienación en su propia imagen que le viene del Otro. Lacan hace del yo "una cristalización imaginaria que, inducida por la visión de la forma total, compensa el despedazamiento real" (Miller, *Extimidad* 258). El discurso orientalista cumple, así, la función de unificar o totalizar un cuerpo geográfico imperialista fragmentado. Al identificarse a esa imagen que le viene del espejo y que cree propia, y después de superar el momento de rivalidad inicial con ella—como ocurrió en el Renacimiento cuando Oriente representaba al enemigo (Said 166-167)—el yo experimenta un júbilo, en tanto dicha imagen le anticipa una totalidad que su cuerpo está todavía imposibilitado de brindarle. Se trata de un júbilo por una imagen precaria de sí que el yo buscará ratificar remitiéndose al Otro simbólico. Por eso la euforia europea u occidental está más en la imagen que Oriente les devuelve de sí, que en el conocimiento que supone producir sobre ese espejo. Como lo plantea Said, Oriente a partir de la documentación reunida por los investigadores del XVIII, "ayudaba al europeo a conocerse mejor a sí mismo" (167). A partir de ese momento medirá al resto del mundo con su propia imagen.

Lacan va a trabajar la relación con el semejante en el famoso esquema L, pero luego va a ir complejizando su teorización en relación al objeto *a*. En el esquema L y en el estadio del espejo el otro es *a*, el semejante. En su enseñanza, Lacan tendrá dos momentos básicos y diferenciales: dicho objeto *a* funciona, en su primera etapa, como meta del deseo pero, en la segunda, se trata de la causa del deseo. Es en esa primera etapa en la que el otro es el *a* como semejante, que Lacan formula después como i(*a*), es decir, imagen del otro; en la segunda etapa, el objeto a va a tener desarrollos múltiples, pero podemos convenir, a los fines de este trabajo, en que es el objeto que causa el deseo, el objeto de la fórmula del fantasma $\$\Diamond a$, pantalla[5] con la que el sujeto modula su acceso al goce y, finalmente, el *a* como un apéndice del cuerpo, como una parte desprendible, ya no una imagen totalizante. Es importante notar que el sujeto resulta de la división significante promovida por el Otro y que, mientras el sujeto se desliza por la cadena significante, el yo, que opera en el desconocimiento de su deseo, es decir, de su inconsciente, más que proyectar sus imágenes

---

[5] Said prefiere hablar de "teatro orientalista" (98) y de "escenario orientalista" (102). Sin embargo, creo que esas metáforas explican la expansión de la máquina erudita, pero no el montaje fantasmático tal como lo plantea el psicoanálisis, en forma mucho más productiva teórica y políticamente.

sobre el otro, se aliena a ese otro, con el que se identifica y al que agrede.

Esta diferencia entre yo y Sujeto es la que nos permitirá plantear la diferencia entre el narrador/yo poético y el sujeto de la escritura dariana. Será interesante ver cómo el narrador se va deslizando metonímicamente de un significante a otro, mientras que el sujeto de la escritura va viendo anamórficamente esa mancha en el Otro y captando la verdad no-toda en el semblante del objeto *a*. El yo—instalado en el registro imaginario—tiene una función de agente, pero sólo en el sentido—como quiere el diccionario—de que si produce un efecto, lo hace solamente en tanto obra con poder de Otro; el yo es ahora hablado por un Otro del registro simbólico, pero en el que está instalado como en una vacuola el goce, íntimo al registro simbólico, pero también éxtimo a él, ya que el objeto *a*, es la Cosa del registro de lo real, es la causa del deseo, ese agujero en el Otro, lo que hace a su inconsistencia y que Lacan designó como A tachado.

Del yo, del Superyó y del Ideal del yo

Esta treta del débil…combina, como todas las tácticas de resistencia, sumisión y aceptación del lugar asignado por el otro, con antagonismo y enfrentamiento, retiro de colaboración. […] La treta (otra típica táctica del débil) consiste en que, desde el lugar asignado y aceptado, se cambia no sólo el sentido de ese lugar sino el sentido mismo de lo que se instaura en él.

Josefina Ludmer, "Tretas del débil" 51-52, 53.

Es a esta inconsistencia a la que apuntan las tretas del débil. ¿Cuál es la dialéctica del yo con las imágenes por las que se desliza el deseo? ¿Quién, digamos, autoriza las imágenes o las pone en circulación? Sin duda, el Otro del registro simbólico interviene aquí por medio del superyó y el Ideal del yo, formaciones ambas que provienen de la identificación con el padre; la Cosa (*Das Ding*), el objeto *a*, en cambio, en tanto perdido y prohibido, va a remitir—como ya hemos visto—a lo maternal. Tanto el superyó como el Ideal del yo atrapan el deseo del sujeto en los significantes que se le proponen. El yo ideal, por su parte, originado en la imagen especular del estadio del espejo, organiza las proyecciones imaginarias bajo la ilusión de unidad y de síntesis, dando lugar a las identificaciones imaginarias. ¿Cómo enfrentar, entonces, el Ideal del yo propuesto por el poder dominante de la cultura hegemónica, sin explorar la forma en que el deseo del subalterno se engancha, por decirlo así, con dicha pantalla y organiza desde allí sus propias identificaciones? No hay manera, mal que le pese a Said, de "estudiar otras culturas y pueblos desde una perspectiva libertaria, y no represiva o manipulativa" sin pasar por los laberintos del deseo y, por ende, por las intrincadas formas en que circula el poder. No hay posibilidad de que el yo pueda dirigirse al otro fuera de los significantes promovidos por el registro simbólico del Otro, junto al superyó y al Ideal del yo, y tampoco fuera de las proyecciones identificatorias del yo ideal; en consecuencia, es estructural que no podamos esperar una representación fiel o exacta del Oriente (Said 45). No se puede, pues, tener representaciones ajustadas, correctas, fieles del otro, ni en el odio ni en el amor, justamente por aquello de que, como dice Lacan, "todo amor está narcisísticamente estructurado" (*Seminario 10* 362). Lo máximo a lo que se puede aspirar es, como en el psicoanálisis, trabajar esas imágenes orientalistas para rozar, aunque sea, el goce implicado en ellas, esto es, apuntar a ese elemento vivo que yace en ese Oriente mortificado por el discurso imperialista. El Orientalismo ha querido limpiar a Oriente del goce, le ha sustraído el goce por medio de los significantes, para dejarlo, como dice Jacques-Alain Miller, "como cuerpo que ya no es más que conjunto vacío limpio de goce" (*Extimidad* 165), y por eso, como veremos más adelante en "La Miss", no será casual que Darío juegue con las dos etimologías del término "pudor". Las tretas del débil, como las designa Josefina Ludmer en un ensayo ya canónico sobre Sor Juana Inés de la Cruz, son justamente tácticas que enfrentan de una manera particular las imposiciones de la cultura dominante, es decir, las formas en que dicha cultura manipula el poder a nivel del deseo y las alternativas estratégicas del subalterno para resistir, transgredir o subvertir dicha cultura, apuntando al Otro tachado, a su inconsistencia, es decir, a su goce. Al fin y al cabo, como lo planteó Lacan, no se trata en el psicoanálisis de reforzar el yo ni de adaptar el sujeto al Otro; tampoco se le puede proponer al sujeto buscar 'mejores' objetos de deseo, como si alguien pudiera legislar sobre lo que es el bien para (del deseo de) un sujeto. Solo queda un camino: llevar al sujeto a ese lugar en el que puede posicionarse diferentemente respecto de su modo de goce. Por eso, es importante enfatizar la inconsistencia del Otro, en vez de obsesionarse en ajustar o corregir la supuesta deformación o inautenticidad de la representación del Oriente. Esto es lo que Darío hará.

El Oriente en la poesía de Rubén Darío

> ...el discurso en su conjunto puede convertirse
> en objeto de una erotización siguiendo los
> desplazamientos de la erogeneidad en la imagen
> corporal...
>
> Lacan, J. *Escritos* 290

En su magnífico estudio sobre los temas de la poesía dariana, Pedro Salinas muy acertadamente la lee a partir del erotismo, que opera como el hilo conductor frente al cual Darío va posicionándose, transformando y profundizando su sensualidad pero también la perspectiva de su ser en el mundo. Salinas va cotejando y sistematizando cada una de las imágenes que el poeta proporciona y las va integrando en una cosmovisión erótica; sin embargo, no se detiene en la dimensión del Oriente como objeto del deseo, como lo perdido e imposible de recuperar, como falta e incluso como falo, y por eso, al final de su estudio, después de recorrer todos los espejos que dan cuenta de las capturas del yo, organizados—como si fuera un nudo borromeo ("el erotismo agónico, la preocupación social, y la idea del Arte y del poeta" [283])—Salinas apela al "alma de Rubén" como lugar de anudamiento—Salinas usa el término "adunar"(286)—de esos tres temas, círculos o anillos. Al plantear el Oriente como objeto *a* y hasta como falo, los tres anillos de Salinas parecen ajustarse mejor, tanto por la dimensión erótica, como por la social y la estética modernista. En su extensa introducción Salinas critica—y con razón—toda lectura poética sustentada en la vida del escritor, y por eso su trabajo se centra en el 'sujeto' poético—que lacanianamente correspondería al yo (*moi*)—tal como aparece en la dimensión imaginaria de su poesía, con lo cual parece indicarnos que la construcción poética no es una trasmutación punto por punto de la experiencia y de la vida efectiva del poeta, sino de sus anhelos, es decir, en cierto modo, de la serie de imágenes o espejos del yo que, como i(*a*), velan el objeto de su deseo. Recorre, pues, una a una las imágenes que capturan al sujeto poético, pero se le escapa el $ de la dimensión escrituraria, que Darío muchas veces cultiva irónicamente por medio de la métrica, a veces a partir del diseño gráfico del texto o mediante sutiles oposiciones pronominales, etc. Muy poco nos dice Salinas sobre el Oriente como espejo y menos lo enfoca como objeto del deseo, con lo cual—de haber podido acceder a desarrollos más recientes del psicoanálisis—hubiera podido articular mejor la poesía social y política junto a la visión del arte y la poesía del nicaragüense.

Nuestra aproximación a Rubén Darío va a explorar las constelaciones semánticas que se organizan como una red a partir del significante "Oriente"; para ello, vamos a seguir sugerencias lacanianas conectadas a la retórica freudiana en su trabajo sobre la elaboración del sueño (*Escritos* 259, 345). En el *Seminario 3 Las psicosis*, Lacan va a plantear que el significante "es signo de una ausencia" (238) que no remite a un objeto en la realidad sino a otro significante. Tampoco el significante remite a una experiencia o puede definirse a partir de una experiencia. Así, los significantes 'día' y 'noche' valen por su oposición en el lenguaje y no por la "serie de modulaciones, de transformaciones, incluso de una pulsación, una alteridad de luz y oscuridad, con todas sus transiciones" (*Seminario 3* 238), es decir, 'día' y 'noche' son significantes que nada tienen que ver con las variaciones lumínicas a las que se refieren en la realidad y en la experiencia, del mismo modo a como ocurrirá en nuestra investigación con los significantes 'oriente' y 'occidente', que no responden a una geografía precisa sino a una oposición que tiene valor solo en el lenguaje y que toma significación solo en el discurso. "El lenguaje—dice Lacan en el *Seminario 3*—comienza con la oposición: el día y la noche" (238). En tanto significante, el día "está entregado a todas las vicisitudes de un

juego a través del que llegará a significar cosas muy diversas" (239).
Pero esa diversidad de significaciones posibles y potenciales de un
significante 'día' en un discurso solo es posible captarla a partir de
su oposición a noche en el Otro del registro simbólico. "Si hablé del
día y la noche—dice Lacan en su *Seminario 3*—fue para que palparan
que el día, la noción misma del día, la palabra día, la noción de *dar a
luz*, son algo que no se puede aprehender en ninguna realidad" (282,
el subrayado es mío). Por eso el Oriente, como alborada, va a tomar
una dimensión significativa crucial en Rubén Darío, por cuanto—
como veremos—remite en primer lugar a lo femenino/masculino, a
lo maternal/paternal, y en segundo lugar a la creación poética como
tal.

Lo mismo haremos con el significante Oriente en este
estudio al oponerlo a Occidente. Lacan bautiza con el título de
"semántica psicoanalítica" a la empresa freudiana relacionada con
las formaciones del inconsciente (sueño, síntoma, actos fallidos,
lapsus del discurso, etc.) (*Escritos* 320), e incluso llega hasta retomar
el proyecto de Saussure sobre los anagramas (que habían sido
publicados por Jean Starobinski en 1964), los que le permiten
afirmar que "basta escuchar la poesía, como era sin duda el caso de
F. de Saussure, para que se haga escuchar en ella una polifonía y
para que todo discurso muestre alinearse sobre los varios
pentagramas de una partitura" (*Escritos* 470). No debemos perder de
vista, sin embargo, que ese Otro, como ya lo vislumbra Lacan en su
temprano *Seminario 3*, no puede dar cuenta de lo real, por cuanto
"hay algo radicalmente inasimilable al significante" (256). Nos
bastaría imaginar aquí a Lacan leyendo el famoso poema "Lo fatal"
de Rubén Darío, ya que eso radicalmente inasimilable al significante
es "la existencia singular del sujeto sencillamente" (*Seminario 3* 256).
Como Darío, Lacan a su manera se hace las mismas preguntas:
"¿Por qué [la existencia singular del sujeto] está ahí? ¿De dónde
sale? ¿Qué hace ahí? ¿Por qué va a desaparecer? El significante es

incapaz de darle la respuesta, por la sencilla razón de que lo pone precisamente más allá de la muerte. El significante lo considera como muerto de antemano, lo inmortaliza por esencia" (*Seminario 3* 256-257). La erotización del significante que Darío intentará en su poética tiene que ser leída sobre ese carácter letal del significante como tal, que vacía al [cuerpo del] sujeto de su goce, aunque a la vez, paradojalmente, el mismo sujeto se ilusiona en transcender gracias al significante mismo; en efecto, el significante, incluso como la huella en la arena, es lo que le permite trascender más allá de su propia existencia, como ya lo había imaginado Horacio en su famoso "Non omnis moriar". La poética dariana supone una teoría de la escritura que está—como muy bien lo ha planeado Julio Ortega—muy ligada a su concepción de la lectura como porvenir.

Oscar Rivera-Rodas, en su lectura de poemas de Ricardo J. Freires, va a acercarse a esa imposible relación entre el significante y lo real. Aunque su aproximación no es lacaniana porque Rivera-Rodas todavía se mantiene en la ideología del signo y del referente (la 'realidad' en sentido lacaniano), su ensayo abre la puerta a nuestro propio intento de abordar la relación del significante, ya no como fracaso de designar un significado o un referente, ni tampoco con el afán (y hasta obsesión) de muchos críticos de establecer algún tipo de "unidad" en la obra de Rubén Darío, sino en su búsqueda infinita, empedernida, de nominar lo real (no la 'realidad'). En su ensayo "Función transformacional del significante en el discurso modernista", Rivera-Rodas establece dos operaciones que estarían en el trabajo del texto y en la teoría del lenguaje poético modernistas, a saber, lo que él denomina *"falibilidad de la poesía* [en el sentido de que] el lenguaje modernista falla en su intento de aprehenderla correspondencia exacta entre el significante y el significado" (233, el subrayado es del autor) y su complemento "la pluralidad referencial" (233), en el sentido de que un mismo referente es múltiplemente designado por otros signos, que tienen otros significados y otros referentes.[6] Si bien Rivera-Rodas hace un minucioso trabajo de la función del significante en la cadena cuando lee el soneto de Freires, logrando casi captar el fantasma fundamental del texto, aunque nombra a Lacan y a Kristeva, parece haber partido no de Lacan sino de la lectura F. Wahl, de quien toma la idea de "la supremacía del significante sobre el significado" (236).

---

[6] En un trabajo posterior, titulado "La 'crisis referencial' y la modernidad hispanoamericana", Rivera-Rodas aclara con mayor precisión lo que entiende por "pluralidad referencial", pero esta vez a partir de Derrida, cuando éste plantea "la *sobreabundancia* del significante, su carácter *suplementario*, [que] depende, pues, de una finitud, es decir, de una falta que debe ser *suplida*" (*Escritura* 398)" (788). Rivera-Rodas ahora prefiere designar esta referencialidad como reflexibilidad, es decir, no se trata de que hay una pluralidad referencial para el significante, como si éste remitiera a varios referentes, sino que los referentes son ahora ellos también significantes. En efecto, Rivera-Rodas escribe que "[u]na palabra explica otra palabra, que es explicada por una tercera sin alcanzar el significado que se quiere aprehender, diseminando el sentido o tratando de integrar el sentido diseminado. Ese esfuerzo del significante hace ver, finalmente, que todo lo logrado por el lenguaje es referirse a sí mismo: asumir su reflexividad. Los referentes lingüísticos ya no se correlacionan con las cosas de la realidad, sino con las propias palabras que devienen palabras-cosas. La referencia se hace interna—auto-reflexiva—y el discurso se remite a sí mismo" (789). Difiero con Rivera-Rodas en cuanto él afirma que el lenguaje deviene metalenguaje para los modernistas; desde mi perspectiva lacaniana, para la cual no hay metalenguaje, la cuestión se plantea en relación a la imposibilidad del lenguaje de significar lo real. Si el significante es siempre insuficiente para designar lo real, la crisis referencial es otra cosa: podría pensársela como crisis de designación en un mundo moderno donde han caído los patrones de autoridad y los protocolos de autorización; por eso me he enfocado más en ver la forma en que Darío, poéticamente, enfrenta este desfallecimiento de la función paterna y la inconsistencia del Otro.

Lacan nunca hubiera suscripto que "[l]a pluralidad referencial desencadena significantes múltiples para un significado singular" (237); muy por el contrario, Lacan sostiene que el significado y el sujeto son efectos del significante. Y por eso, aunque valoramos el intento de Rivera-Rodas y seguimos su sugerencia metodológica de hacer una lectura sintagmática de algunos poemas para luego proceder a su cotejo paradigmático con otros textos darianos, nuestra aproximación, si se quiere más constructivista que esencialista, está fuera de la ideología del signo—que todavía mantiene la división entre pensamiento y lenguaje—y más atenida, por el contrario, a la lógica del significante. En ese sentido, nuestra aproximación se propone explorar el significante "Oriente" tal como emerge de la cadena significante, sin pretensión de querer anudar todos los sentidos en una teoría unitaria del lenguaje poético o de la cosmovisión darianos.

Del Oriente y del Occidente: la luz y la sombra

La referencia al Oriente aparece desde muy temprano en la poesía dariana y lo hace como esa región desde donde se vislumbra la primera luz de la mañana:

Tembló en la flor la gota de rocío

entre cambiantes mil:

la besaron las brisas matinales

del perfumado abril:

y al brillar en Oriente la alborada,

un reflejo de sol

evaporó la gota de rocío,

con su vago calor.

"A mi querido amigo Antonio Tellería" (V, 31)

El Occidente, por el contrario, como aparece en la "Canción otoñal", será el lugar del crepúsculo, que antecede al invierno, en el que el sol se hunde con la promesa de reaparecer al día siguiente; sus colores son fúnebres y su promesa vana:

En Occidente húndese

el sol crepuscular;

vestido de oro y púrpura

mañana volverá.

En la vida hay crepúsculos

que nos hacen llorar,

porque hay soles que pártense

y no vuelven jamás. (V, 1060)

Contrasta, pues, con el Oriente que es preanuncio de luz y de esperanza, y que sonríe: "Sonreía en Oriente tímida el alba" y "¡Qué fiesta de colores la del Oriente!" (V, 1160). Occidente, que Darío menciona muy pocas veces en su poesía y en forma tardía, como en los poemas agrupados en *Poema del otoño y otros poemas* (Madrid, 1910), es además un lugar de ilusión, pero de ilusión óptica que nos hace daño, que nos hace llorar: "el Occidente finge una floresta / que una llama de púrpura ilumina" (V, 1059).

El poema a Tellería está escrito con motivo de la muerte del hijo *rubio* de Tellería, hijo del amor, a la sazón con cinco años, y coloca así al Oriente en un espacio imaginario atravesado por la paternidad, por la muerte y por los incognoscibles designios divinos:

¡Misterio incompresible de la vida!

¡Aliento del Señor!

Vínculo eterno que une con sus lazos

al niño y a la flor.

El Oriente es el lugar del amanecer,[7] pero su luz es tan funesta como el crepúsculo del Occidente, porque prácticamente "evapora" la gota de rocío, la gota de la vida depositada sobre la flor, el pequeño infante. Se opone, no obstante, al Occidente concebido como la noche, como la porción todavía oscura del orbe, que prodiga las gotas de rocío como impulso vital. El Oriente es la sede del sol, donde se ubica la divinidad, el Señor cuyo aliento genera vida y también incomprensiblemente la evapora. Se instalan ya, desde esta poesía temprana, varios ejes del imaginario dariano y, hasta cierto punto, del imaginario modernista: el sinsentido de la vida y sobre todo de la muerte, o la dimensión inescrutable de lo divino; además, en este paisaje, la flor y el niño constituyen un

"vínculo eterno", como alianza que une lo infantil, la primera etapa humana, al brote reproductor que asegurará el fruto delicioso, pero también eterno en el sentido de que podría vencer a la muerte. Esta imagen tendrá sus desarrollos posteriores en el modernismo; basta pensar en el bellísimo poema "Vida-garfio" de Juana de Ibarbourou, que es como la culminación de esta metamorfosis en la que el amor, como principio de vida, vence a la muerte y, hasta cierto punto, a dios:

---

[7]Lo mismo ocurre en otros poemas, como por ejemplo, "A la Señorita Josefa Dubón" (V, 143); asimismo en "Ella" (V, 171), donde la mujer ya vale más por ser imagen cultivada por el poeta que por sí misma; la mujer ya aparece aquí como i(*a*). En "Las Tres" (V, 172-4) las mujeres/flores son huríes, es decir, según el Diccionario de la Real Academia, "mujeres bellísimas creadas, según los musulmanes, para compañeras de los bienaventurados en el paraíso". En "Magna Veritas" (V, 176) también el Oriente aparece como "los fulgores del alba". En "Introducción a 'La Aurora', de Joaquín Méndez" (V, 212) se insiste en "una aurora que nace, / entre perlas en Oriente".

Arrójame semillas. Yo quiero que se enraícen
en la greda amarilla de mis huesos menguados.
¡Por la parda escalera de las raíces vivas
Yo subiré a mirarte en los lirios morados!

El brillo del Oriente es pues ese beso engañoso, en la medida en que—sin forzar las cosas desde la mitología freudiana—su esplendor al comienzo de la vida—y del día—está vinculado eternamente a una fuerza fatal, devastadora, que conduce a la muerte. Darío, aunque no apela aquí a la rosa como símbolo de la brevedad de la vida—sin duda por tratarse de un niño—introduce ese tema sobre el fondo del Oriente y de la inescrutable voluntad divina. Se conforma además una genealogía masculina (Señor, padre, hijo, poeta), en la que lo femenino está vagamente insinuado en la alborada y la flor, como instancias de breve existencia. El Oriente, además, es ese momento de luz indecisa en la que el poeta coloca la paternidad humana, desconsolada, y la coteja con ese otro Amo absoluto, árbitro de la vida, pero sobre todo de la muerte. Veremos más adelante cómo estos rasgos se insertan en poemas narrativos de verdadera dimensión no sólo oriental, sino orientalista. Salinas ha trabajado puntualmente el claroscuro en la poesía dariana, ese espacio en el que el sujeto poético se debate entre la luz y las sombras, los altos ideales y la vulgaridad burguesa, la alborada y la noche. En la "Oda a Mitre", de 1906, Darío colocará a la poesía, a la "eterna Poesía" en ese más allá de los discursos de la ciencia, de la historia y de la vida cotidiana:

Amar, sobre los hechos fugaces de la hora,

sobre la ciencia a ciegas, sobre la historia espesa,

la eterna Poesía, más clara que la aurora.

(V, 1001)

En esa oda en la que canta a Mitre, al "Ilustre abuelo" (V, 999), al "Maestro" (V, 1001), como el hombre de armas y letras, "paladín y poeta, un lauro y una espada" (V, 1002), en la que ensalza sus empresas literarias, guerreras y políticas, en las que anuncia para su héroe la gloria, Darío se reserva sin embargo el mejor lugar: el poeta es el que está más allá de lo imaginario y lo simbólico (la vida cotidiana, la ciencia, la historia), porque va más allá de la realidad, porque trabaja lo real; de ahí que la "eterna Poesía" sea más clara que la aurora, más clara que la alborada dadora de vida y de muerte, como si hubiera un más allá del Oriente mismo, algo que escapa a los discursos orientalistas sobre el Oriente. No se le escapa a Salinas que se trata aquí de una "gloria mayor [que fue] también la suya" (263), tanto del Mitre poeta, como de Darío, porque frente a la ceguera de la ciencia y la torpeza de la historia, ambas de efímera duración, es el Arte el que sobrevive, no tanto como "el gran enemigo y develador de los vicios, el campeón del bien"—como Salinas pretende hacerle decir a Darío (264)—sino como el que trabajando lo éxtimo a lo simbólico, es capaz de poblar "el universo de estrellas y de cantos" (V, 1002), de acceder a la eternidad, es decir, creando un universo librado de las contingencias y avatares del tiempo. No sorprende, entonces, que afirme: "Yo he dicho: es el Arte el que vence el tiempo y el espacio" (V, 956) y que confiese "Como hombre he vivido en lo cotidiano; como poeta no he claudicado nunca, pues he tendido siempre a la eternidad" (V, 957). Más que una estética, se dibuja aquí una ética muy cercana a la que Lacan planteó como "no ceder en cuanto al deseo".

En el poema a Tellería, la pregunta por la insondable voluntad divina y su potencia creadora es, a su manera, una interrogación todavía leve en esta etapa inicial sobre lo que el Otro quiere; todavía no llega a esa altura poética que tendrá la figura del cisne como signo de interrogación, no sólo sobre la forma poética "y el cuello del gran cisne blanco que me interroga", tal como nos lo dice en "Yo persigo una forma" (V, 856), sino también sobre el destino de la América española y de España misma:

La América española como la España entera

fija está en el Oriente de su fatal destino;

yo interrogo a la Esfinge que el porvenir espera

con la interrogación de tu cuello divino. "Los Cisnes"

(V, 890)

Aquí ya tenemos el Oriente imbricado en la poesía social y política de Darío. Es un Oriente que representa un futuro infeliz o inevitable, o ambos a la vez, que se debate entre la barbarie y el colonialismo que impondrá la lengua sajona. Darío deplora—no sin anacronismo—un presente en el que faltan los hidalgos, a la manera del Quijote, y caballeros de una Edad Media idealizada. En todo caso, Darío clama a gritos por la acción y confía en la aurora.

¿Seremos entregados a los bárbaros fieros?

¿Tantos millones de hombres hablaremos inglés?

¿Ya no hay nobles hidalgos ni bravos caballeros?

¿Callaremos ahora para llorar después?

(…)

…Y un Cisne negro dijo: "La noche anuncia el día."

Y un blanco: "¡La aurora es inmortal, la aurora

es inmortal!" ¡Oh tierras del sol y de armonía,

aún guarda la Esperanza la caja de Pandora!

(V, 890-891)

Callar es equivalente a ceder en cuanto al deseo y, por ello, hablar es la clave de la ética y política darianas. Hay que hablar a tiempo sobre la realidad e intentar hablar sobre lo real, aunque sea imposible, para evitar el llanto en el crepúsculo de la modernidad que impone la pragmática o el utilitarismo del capitalismo sajón. La visión fatal del mundo, que Salinas quiere colocar en desarrollos posteriores de la poesía dariana, está no obstante presente desde los primeros poemas darianos. La metáfora vegetal, y con ella la voluntad del Otro y de la Muerte, que ya aparece en el poema a Tellería, es desafiada por la labor del poeta. Así, en las tres estrofas finales de "Ingratitud" (V, 35, posiblemente de 1882), leemos:

Busca su planta otro suelo:

aquella atmósfera quiere,

donde el talento no muere

sin espaciarse en su cielo.

Pero en vano; que, fatal,

el mundo al talento humilla,

ya sea en una bohardilla,

ya sea en un hospital.

Melancólico y sombrío,

allá va. ¿Sabéis quién es?

Oíd, si lo ignoráis, pues:

El vate Rubén Darío.

Leída desde la constelación semántica del poema a Tellería, estas estrofas no dejan de complejizar la concepción del sujeto poético, tal como Darío la postula: en primer lugar, siguiendo la metáfora vegetal, a la que adhiere ahora la corporal y también la edilicia, el sujeto poético concibe su tarea como un desplazamiento hacia otra atmósfera fuera del dominio del Otro, donde la flor pueda dar un fruto capaz de "espaciarse" en su propio cielo, precaviéndose de la muerte. Sin embargo, es una tarea titánica frente al Otro—concebido ahora como "el mundo"—en la que fatalmente fracasa. Aparecen ya dos palabras claves de la poética dariana: la palabra "fatal" y la palabra "melancolía". El poeta no se presenta como rayo de luz, como rayo luminoso y fatídico de la alborada Oriental, sino como formando parte de ese mundo brumoso, todavía en claroscuro, intermedio. Y además no se rinde, por el contrario, desafía, hasta el punto que cierra su poema pronunciando y anunciando su nombre a la vez que se autocalifica de visionario: "El vate Rubén Darío" (obsérvese el uso de la mayúscula en artículo universalizante "El", tal como aparece en la edición de las *Obras completas*). Su tarea, como dirá en "El Poeta" (V, 35), poema de ese mismo año, es vencer a la muerte, más allá de los maltratos del mundo: "que él entrará al infinito / por la puerta de la tumba!". La vida del poeta, su vida, es concebida como peor que una "cámara obscura", en la que al menos "penetra un rayo de luz" (V, 35); su vida es como una noche, en la que no hay lugar para que el cielo dé "un solo rayo feliz" (V, 36), es una cámara con "un tapiz / de fúnebre terciopelo" donde "Cristo gime en un madero". Otra vez aparece aquí la figura del hijo martirizada y rodeada de la fatalidad y los emblemas de la muerte. Es una cámara oscura cerrada a los rayos engañosos del Oriente, que se opone a la cámara clara del mundo, del vulgo trabajador, sea obrero, intelectual o guerrero. Sin embargo, el poeta se goza allí: "neurótico y visionario / gózome yo en tu labor". No es gozado por el Otro, no trabaja *perversamente* para el goce del Otro, sino que—como hará Darío en el resto de su vida—vivirá neuróticamente gozando del trabajo, de la falta, del deseo del Otro.

El cambalache de la modernidad:

insuficiencia y exceso, exquisitez y chafalonía

Angel Rama, en *Las máscaras democráticas del modernismo*, nos advierte sobre las formas exóticas que adquiere la poseía modernista como compensación o reacción a la vulgaridad de las burguesías locales y de las aspiraciones de ascenso social de "los inmigrantes europeos [...] que vienen de los campos nacionales pauperizados" (33). A pesar del rechazo a las aspiraciones mercantiles de esas burguesías y a pesar de su aspiración a un artepurismo, la poesía dariana—y de otros de su generación—parece ambiguamente erigirse frente y en contra de ese falso refinamiento consistente en construir escenografías ostentosas en las que primaban la mezcla de estilos y el bazar colonialista de objetos recolectados en geografías diversas y en muchos casos desconocidas. Los modernistas cedieron a veces a esa tendencia burguesa que, muchas veces, como dice Rama, terminaba en la "barata chafalonía" (53). En efecto, "[é]se era el medio en el cual tuvieron que vivir los poetas y contra el cual reaccionaron, buscando ansiosamente escenarios de buen gusto, objetos refinados, cosas bellas que, visto que sus recursos los prohibían adquirir, edificaron parsimoniosamente en sus poemas" (Rama 52). Estos escenarios considerados bellos, raros, exquisitos, lujosos o exóticos estaban erigidos contra "la vulgaridad, la sordidez, la tristeza de las ciudades industriales que emergen en el siglo XIX" (Rama 53), tanto en Europa como en América; no se limitaron a la construcción de barrios privilegiados cuya arquitectura cubría un increíble muestrario de estilos, desde la Grecia clásica, en su versión afrancesada, hasta el rococó, pasando por estilos diversos (pompeyano, imperio, renacentista, barroco, etc.), sino que también se acomodaban a la decoración de los espacios íntimos: ambientes semi-oscuros, con evocaciones de paisajes lejanos y exóticos, porcelanas, "japonerías y chinerías" (V,712), como las llama Darío en "El rey burgués", piedras preciosas, bibelots, tapizados, estatuas, trajes exuberantes, pieles, perfumes, "[p]or lujo y nada más" (V,

627). Este consumo provenía de los viajes transatlánticos, reales o imaginarios, por geografías diversas pero, por sobre todo, como dice Rama, viajando "por la modernidad" (64); los escritores construían así su teatralidad, sus máscaras, por medio de un guardarropas cultural muy parecido a un "cambalache", en el que lo viejo convivía con lo nuevo. Desde muy temprano, Darío se percata de la importancia y la funcionalidad del vestuario en la teatralidad social; en su *Autobiografía*, escrita en 1912, detalla el momento en que, siendo muy joven y llegado a El Salvador, se ve beneficiado con una suma importante de dinero que invertirá inmediatamente en parrandas, como una forma no muy afortunada de procurarse "un buen comienzo para tener una buena posición social..." (I, 46). El rédito de esta breve experiencia se da por una identificación con el Oriente: casi como la sultana de "Serenata" (V, 136):

> Al día siguiente, por la mañana, estaba yo rodeado de improbables poetas adolescentes, escritores en ciernes y aficionados a las musas. Ejercía de nabab. Los invité a almorzar. (I, 46)

Ejercer de *nabab* da cuenta de su aspiración a ser centro privilegiado, rico y poderoso, de un círculo de iguales, que más tarde lo llevarán a lo mismo, pero reclamando su originalidad: Darío en varias oportunidades va a rechazar y hasta negar toda posibilidad de ser imitado. Es ya conocida su afirmación de que no tiene escuela, como en las "Palabras preliminares" a *Prosas profanas* cuando insiste en que "mi literatura es mía en mí; quien siga servilmente mis huellas perderá su tesoro personal y, paje o esclavo, no podrá ocultar sello o librea. Wágner, Augusta Holmés, su discípula, dijo un día: 'Lo primero, no imitar a nadie, y sobre todo, a mí'. Gran decir." (V, 762). En esta anécdota incluida en su *Autobiografía*—como veremos más adelante—nuestro poeta se posiciona casi como la sultana de "Serenata", rodeado de lujos y placeres como puro gasto, sin inversión ni ahorro y sin la productividad pequeño-burguesa representada por la Señora de la aldea nicaragüense.

Sin embargo, la experiencia más brutal respecto del vestuario y de las máscaras sociales, la tendrá Darío en Chile. Recomendado, llega a la ciudad de Santiago, donde una persona de alto rango social debía esperarlo en la estación de trenes. Se cruzan aquí y se desencuentran los Ideales del yo de quien llega y de quien espera: el chileno espera a un poeta eminente y bien vestido; Darío espera del Otro ser reconocido, como buen histérico, por lo que es y no por cómo se ve. Este momento es sumamente interesante porque el astillamiento del espejo, si en un instante lo confunde, porque lo posiciona frente a una imagen deplorable de sí mismo que, enseguida, y con la rapidez que Darío tuvo siempre para acomodarse en situaciones difíciles, le deja la certeza de lo que *debe* hacer. En una estación de trenes en la que solo quedaban él y el "personaje" que debía recibirlo, no queda más que iniciar el diálogo propiamente teatral. La palabra "personaje" es obviamente el significante que proviene *après coup* en su escritura de 1912, al recordar el evento pasado; tras procesar la experiencia traumática nada más ni nada menos que por medio de la imagen oriental de Jericó, sede de sus más caros deseos e ilusiones, esta palabra da cuenta de su entrada en la mascarada social que detalladamente describe Ángel Rama. Darío cuenta:

> De pronto, como ya no había nada que buscar, nos dirigimos el personaje a mí y yo al personaje. Con un tono entre dudoso, asombrado y despectivo me preguntó: "¿Sería usted acaso el señor Rubén Darío?" Con un tono entre asombrado, miedoso y esperanzado pregunté: "¿Sería usted acaso el señor C.A.?" Entonces vi desplomarse toda una Jericó de ilusiones. Me envolvió en una mirada. En aquella

mirada abarcaba mi pobre cuerpo de muchacho flaco, mi cabellera larga, mis ojeras, mi jacquecito de Nicaragua, unos pantaloncitos estrechos que yo creía elegantísimos, mis problemáticos zapatos, y sobre todo mi valija. Una valija indescriptible actualmente donde, en donde, por no sé qué prodigio de comprensión (sic), cabían dos o tres camisas, otro pantalón, otras cuantas cosas de indumentaria, muy pocas, y una cantidad inimaginable de rollos de papel, periódicos, que luchaban apretados por caber en aquel reducidísimo espacio. El personaje miró hacia su coche. Había allí un secretario. Lo llamó. Se dirigió a mí. "Tengo— me dijo—mucho placer en conocerle. Le había hecho preparar habitación en un hotel de que le hablé a su amigo Poirier. No le conviene". (I, 53-54)

El lapsus entre "compresión" y "comprensión" es sumamente elocuente. Compresión, como lo define el Diccionario, indica un "esfuerzo a que está sometido un cuerpo por la acción de dos fuerzas opuestas que tienden a disminuir su volumen"; ese significante queda reprimido, pero sustituido por "comprensión" que, por un lado, nos muestra esa rapidez de Darío por "entender y apreciar las cosas" y al a vez, su necesidad de sobrevivir mostrando la máscara de "una actitud comprensiva y tolerante" que, en el futuro, mostrará su faz más agresiva disparando sus dardos frente a las burguesías dominantes y *rastaquouère*. Tal "disminución de su volumen" en la experiencia chilena, se compensará más tarde, especialmente a partir de 1893, ese "año climatérico" (como lo llama Rama [58]), que no solamente lo es para la poesía hispanoamericana, sino también el año de la entrada triunfal de Darío a Buenos Aires, muy bien vestido esta vez, y el año de publicación del relato "La Miss", que se nos aparece como un síntoma paradigmático en la escritura dariana y que analizaremos más adelante en detalle.

Los velos poéticos del Oriente:

paisaje nicaragüense y visiones orientalistas

La poesía dariana propiamente orientalista—seguramente propulsada por sus primeras lecturas infantiles de *Las mil y una noches* y la Biblia, y en los relatos de la cigarrera Manuela, tal como lo detalla en su *Autobiografía* (I, 24 y 37)—se inicia con esta "acumulación de mercancías" provenientes del Oriente leído en textos europeos. Entre 1885 y 1918, el Orientalismo proveerá al capitalismo occidental—sobre todo en lo que Rama designa como "la segunda ola imperial que extiende el poder de Europa sobre el mundo, especialmente África y Asia y que son objeto de un codicioso reparto (86)—de imágenes capaces de satisfacer, encausando o capturando, lo que el mismo Rama designa como "*la fuera del deseo*" (85, el subrayado es del autor), desencadenada por la liberación de fuerzas largo tiempo contenidas por imposiciones feudales y religiosas. Esta "expansión desmesurada del deseo, en su doble faz de apetito de goce y apetito de poder" (Rama 87) trataba de abastecer el mercado con productos que pudieran "operar sobre las fantasías del inconsciente hechas realidad mediante una utilería de teatro" (Rama 85).

"Serenata", fechada en Managua en 1882 y dedicada a la Sra. Mercedes B. de Zavala, madre de tres hijas, puede ser leída como un primer intento de afectar el conservadurismo provinciano, al tradicionalismo feudal y católico, contraponiéndolo a un paisaje diferente que fuera capaz de despertar "la curiosidad mórbida de los lectores excitando sus apetencias secretas aunque resguardando paralelamente sus reprobaciones morales" (Rama 91). Este doble juego lo volveremos a encontrar, pero con fascinante trabajo de ironía escrituraria, en "La Miss", cuando el narrador se postule como defensor del pudor femenino. En el poema "Serenata", dividido en dos por el cambio de métrica—donde se opone el alejandrino, por un lado, y el octosílabo y decasílabo (con alguna que otra variante) por el otro—Darío le presenta a esta señora nicaragüense un paisaje completamente montado sobre los estereotipos, sobre las "máscaras exóticas del deseo" (Rama 101) más obvios del Oriente—tal vez con la vana esperanza juvenil de despertar en ella sus sentidos, su erotismo dormido—y lo contrasta con el paisaje nicaragüense. La exuberancia y exquisitez del paisaje orientalista resalta aún más con la sobriedad natural del ofrecimiento local. El mundo propio se define justamente por lo natural, pero también por lo que falta, y lo que le falta es justamente lo que define el Oriente, el Oriente deseado pero inalcanzable, aunque sólo asequible a la imaginación del poeta. La "vulgaridad" local se compara con el exotismo lejano y desconocido pero, a diferencia de lo que plantea Ángel Rama sobre el desprecio de la vida de aldea, Darío rescata no obstante la dignidad y la autenticidad de su 'serenata' autóctona, la que él, como "pobre poeta", le ofrece a dicha señora, a pesar de todas las carencias.

Veamos la construcción paisajística del Oriente dariano, específicamente designado como Arabia y hasta como Arabia *la* Oriental, en la que el artículo intenta subrayar más lo imaginario que lo geográfico: es un catálogo casi completo de la versión orientalista europea del Oriente, casi una postal—no es casual que la incluya en *Álbumes y abanicos*—o mejor una escenografía operística que da marco a la emergencia del canto y de la música. Conviene transcribir completamente la primera parte del poema (V. 137-139):

Señora: allá en la tierra del sándalo y la goma,

bajo el hermoso cielo de Arabia la Oriental,

do bullen embriagantes la mirra y el aroma

Y lucen sus colores la perla y el coral:

allá donde entre velos flotantes de oro y seda,

en el harem fascina la esclava encantadora,

mientras amantes quejas en blando son remeda

en manos de rawíes la tierna guzla mora,

ofrecen los cantores al dar su serenata,

en medio de sus notas etéreas y vibrantes,

del dátil la dulzura, del lodo la escarlata,

carbunclos y zafiros, rubíes y diamantes.

Y brindan de las palmas el quejumbroso ruido,

y flores de granado y el búcaro gentil,

y todos los acentos y el mágico sonido

que brota de sus cuerdas bandurria de marfil:

y llevan en sus manos cogollos de palmera,

perfumes de la rosa, y esencias del anís,

fragrantes cinamomos, y miel de la morera,

y el humo del incienso y el ámbar y el *hastchís*;

y halagan los oídos de la feliz sultana

cantando las estancias de *hasida* armoniosa,

ya brille la sonrisa de plácida mañansa,

ya esparaza sus reflejos la luna temblorosa.

El poeta se divide: por un lado, es el que conoce la otredad y puede contarla, describirla; se trata de un ofrecimiento que, erudito u ostentoso de su saber, sólo puede efectivizarse en la dimensión verbal. También es el que conoce lo propio y puede, aún con humildad, actualizarlo en una oferta concreta. Si la primera parte del poema comienza con el vocativo "señora", la segunda parte comienza con la palabra "yo":

Yo quiero darte, Señora,

también hoy mi serenata,

sin tener la guzla mora,

ni la cuerda vibradora

de la bandurria de plata,

sin traerte los critales

y diamantes de Golconda,

ni kasidas orientales,

ni purpurinos corales,

ni sedosa y tersa blonda.

Mas te diré lo que pueda

en esta tierra tomar:

quejas de cada arboleda,

y aromas de la reseda,

y conchas de nuestro mar.

Un eco dulce y magnífico,

vago y misterioso cántico

de aqueste suleo prolífico

que está lamiendo el Pacífico,

y está arrullando el Atlántico.

La segunda parte del poema se refiere a lo compartido, conocido por ambos, lo "nuestro", y se opone, obviamente, a lo otro, lo lejano, hermoso pero no propio, aunque, como lo plantea el mismo poema, apropiable por la escritura gracias a las habilidades del "pobre poeta". En las estrofas siguientes, le brinda "una corona formada / con magnolias de Granada / y con mosquetas de León", como corresponde a un "bardo sencillo, sin altivez"; le ofrece su serenata y pone a los pies de la Señora "el arpa mía". De pronto se produce un cambio en la métrica y también en la persona gramatical: el poeta se refiere a sí mismo en tercera persona:

Al eco blando del aura inquieta,

que va y que viene,

que se entretiene

con dulce son,

viene a ofrecerte pobre poeta

las armonías de su canción.

Si la primera parte es una acumulación de objetos, artefactos y ceremonias, la segunda es una lista de las faltas y una enumeración sucinta de las carencias y de lo que, a pesar de todo, se puede lograr poéticamente con ellas, si el poeta es genuino. La primera estrofa de la primera parte enumera objetos naturales: sándalo, goma, cielo hermoso, mirra, perla y coral. Sin punto final, como si no se pudiera detener el catálogo, la estrofa se prolonga en las dos siguientes en las que ya aparecen objetos fabricados y también la espléndida sultana, un personaje central alrededor de la cual se ubican otros personajes que trabajan para el goce sensual de su ama. La escena no ahorra detalles: velos bordados de oro y seda, el harén, la esclava fascinadora, el canto de los rawíes acompañados de la guzla, dátiles y piedras preciosas. Las tres estrofas siguientes forman un largo período y allí se describe una ceremonia ruidosa por el acompañamiento de palmas que siguen el ritmo de la bandurria de marfil; palmeras, perfumes de todo tipo y un cierto toque neblinoso causado por el humo del incienso y el ámbar que no dejan, sin duda, de enfatizar el relajamiento de los sentidos, ayudados por la embriaguez del hachís. Es un montaje en cierto modo "indecente", si lo miramos desde la segunda parte del poema; en efecto, todo está allí para promover el placer del cuerpo de la sultana, de la mujer. Lo mismo ocurrirá en "De invierno" (V, 750), donde Carolina, "apelotonada" en un sillón, está cubierta con su abrigo de marta cibelina y cerca del fuego, casi igual que el gato angora blanco; ambos—mujer y animal en paralelo, con esa "sabida felinidad femenina" que atraía tanto a Darío (*Autobiografía*, I, 66)— están rodeados de jarras de porcelana china y biombos de seda japonesa. La diferencia con la escena orientalista de "Serenata" la hallamos en el silencio y soledad que rodea a Carolina, en el frío de París, tan diferentes del calor, de la abundancia y del jolgorio oriental que rodean a la sultana, como si lo oriental en Europa sufriera una transformación que lo encajonara, casi fúnebremente. Lo que en "Serenata" es una evocación orientalista del Oriente, en "De invierno" es casi una limitada decoración *rastaquouère*.

La Señora de "Serenata", en contraste, sólo recibe la canción del "pobre poeta", del "bardo sencillo" que aprovechará los dones del paisaje natural, la selva del Nindirí, municipio del Departamento de Masaya; "las armonías de su canción" elaboran poéticamente, por medio de su arpa, los ruidos y aromas de los árboles, las conchas marinas, los aromas de las flores locales, el cántico de la tierra que yace entre dos océanos. Ésa es su materia prima. Dicha Señora, además, ha engendrado tres perlas "divinas", sus tres hijas, que parecen no estar a disposición del poeta, como si fueran una prefiguración de las tres huríes del poema "Las Tres" (V, 172-174): son, pues, por su ausencia, las que disparan su deseo:

Tienes tres perlas en tu diadema,

que de tu dicha son sacro emblema;

y son tan raras y divinas perlas,

que un bardo diera notas prolijas

solo por verlas:

¡tal son tus hijas!

La dicha de esta rica Señora, a diferencia de los goces "improductivos" de la sultana, está dada por la maternidad, por su capacidad de engendrar hijas-perlas para el posible goce del poeta. Nuevamente nos topamos con esa relación entre lo materno y lo americano. La felicidad que el poeta desea para ella consiste en este "infinito / materno amor" y en las bendiciones que cada pobre le enviará. El punto de contacto, pues, entre ambas escenas, la oriental y la autóctona, está dado por la centralidad de lo femenino y por el esquema "feudal", en el que se disciernen servicios y reconocimientos; en todo lo demás, difieren. Los grandes ausentes son el Sultán y el Padre, ambos esposos que quedan como entre bambalinas, velados para mejor atrevimiento de los rawíes y del poeta; son figuras masculinas en las que se asienta el poder efectivo y que, tal vez por esa falta, tornan estáticas a estas escenas completamente desgajadas de la producción económica. El poeta sólo atina a colmar esa ausencia con su canto, asume su posición marginal y decorativa, subalterna, mujerizada.[8] Se establece ya aquí una relación entre la canción/la poesía y el falo como falta.

En "Serenata", mientras el sujeto poético pareciera ensalzar la ideología tradicionalista de la decencia aldeana, el sujeto de la escritura no deja de hacer sus muecas irónicas al introducir su poema con una escena de alto nivel erótico. Si el poeta canta a la Señora, si la engrandece por sus virtudes de esposa y madre, al compararla con la sultana, toda ella embriagada y adulada en cada uno de sus sentidos, la deja no obstante como un cuerpo completamente vaciado de goce por lo simbólico. Es esta idea de lo latinoamericano-provincial-aldeano que Darío quiere atacar y conmover, tanto en lo cultural como en lo específicamente literario. Aunque omite mencionar sus evocaciones orientalistas, sin duda leídas en los "raros" que monumentaliza, su intención está clara:

> Yo hacía el daño que me era posible al dogmatismo hispano, al anquilosamiento académico, a la tradición hermosillesca, a lo pseudo-clásico, a lo pseudo-romántico, a lo pseudo-realista y naturalista, ponía a mis "raros" de Francia, de Italia, de Inglaterra, de Rusia, de Escandinavia, de Bélgica y aún de Holanda y de Portugal sobre mi cabeza. (*Autobiografía*, I, 128)

---

[8] Prefiero usar el término "mujerizada", para referirme a una posición de subalternidad en el encuadre patriarcal y evitar "feminizada", que tendría connotaciones diferentes, tal como amaneramiento o imitación *queer* de lo femenino.

La aparición de lo masculino en relación

a la representación orientalista

El Oriente como significante va a promover otras transformaciones semánticas, debido en parte a la introducción de personajes masculinos (alegóricos o no) y en parte al registro narrativo que nos llevará a rozar la dimensión trágica. En ambos casos, veremos que lo Oriental enfatizará su componente performativo y hasta teatral. Obviamente, la descripción estática y acumulativa de imágenes orientalistas no desaparece y va a insistir constantemente en la poesía dariana.

El componente narrativo tomará su impulso a partir del carácter en cierta forma embrionario de la historia de amor, con obvias resonancias autobiográficas, que ya aparece en la poesía inicial de Rubén. En los tempranos poemas de *Abrojos* (1887)—concebidos como una conversación íntima y confesional con su amigo de redacción Manuel Rodríguez Mendoza, a quien se dedica el poemario—la imaginación tomará la textura espinosa y flagelante que indica su título, causada por lo que el sujeto poético denomina—en directa referencia a los poemas de Charles Baudelaire—su "vino triste" (V, 554). Ese "vino triste" es producto de la situación del artista en el mundo, acosado—como un albatros—por maledicencias, envidias, humillaciones, hipocresías y acosos de todo tipo.

Algunos poemas, especialmente aquellos que se refieren a amores muertos, brindados "al cadáver yerto / de mi primera pasión" (V, 556), apelan a la imaginería orientalista. Los poemas de *Abrojos* constituyen, de alguna manera, sus flores del mal; le dice a su amigo: "Juntos hemos visto el mal [...] en el mundano bullicio" (V, 555) y los versos de amor se presentan aquí como "las flores de un amor muerto" (V, 556). En un poema su amada es una odalisca—esclava del harén o concubina turca—y a la vez una niña. Aunque a veces no está recubierta por este semblante oriental, la

amada es casi siempre una niña en la obra dariana.[9] Esta niña-odalisca es una amante incapaz de devolverle los infinitos besos que

---

[9] Tal vez haya que señalar aquí un poema que, clasificable entre los amorosos, pone al sujeto poético en crisis con su deseo; se trata del poema XLVIII de *Abrojos* en donde el poeta se refiere a un niño. Vale la pena reescribirlo aquí, porque complica la dimensión erótico-sexual de la poesía dariana;

> Besando con furia loca
>
> la boca de un niño ajeno,
>
> miro yo a la virgen cándida
>
> y no sé lo que comprendo.
>
> ¿Qué es ese brillo en los ojos?
>
> ¿Qué es en el rostro ese incendio?
>
> ¿Qué es ese temblor de labios?
>
> ¿Qué es ese crujir de nervios?
>
> Para ser a un niño…, ¡a un niño!...
>
> esos besos…, ¡esos besos!... (V, 576)

Aunque no hay marcador de género para el yo poético y tampoco comillas que hagan suponer que se trata de los versos de un sujeto femenino (como podría dar a entender el hecho de besar a un niño ajeno, tal como aparece en las jarchas mozárabes que, obviamente, debido a la fecha de su descubrimiento, Darío no podía conocer), lo cierto es que hay al menos el poeta le ha prodigado, y además avara, puesto que guarda muchos en "el fino y bello estuche / de su boca purpurina" (V, 558). La riqueza de Oriente (perlas del mar, oro de la minas, marfil, diamantes, tesoros de Bagdad, joyeles y preseas de los cofres de Nabab), evocada en los versos, contrasta con la pobreza del poeta en su vida concreta: "como no tenía /por hacer versos ni un pan, / al acabar de escribirlos / murió de necesidad" (V, 559). La pobreza del poeta es un tema recurrente en los poemas de *Abrojos*, escritos en su estadía chilena. Ya no está aquí ni siquiera la naturaleza nicaragüense de la que al menos podía disponer, tal como lo vimos en "Serenata". Sin duda, estas imágenes desoladoras de un poeta desgraciado, al que incluso arrojan de una casa cuando intenta pedir limosna, anticipa el patetismo de su cuento "El rey burgués" (V,

---

dos posibilidades de lectura: un sujeto que besando a un niño se percata de la presencia de la virgen (que escribe sin mayúscula) o bien de la reacción de dicha virgen besando a un niño ajeno en la boca. El poema es, desde una aproximación psicoanalítica freudo-lacaniana, una verdadera celebración del significante poético. El significante deja en suspensión la pertenencia de los ojos, del rostro, de los labios y los nervios y por lo tanto el lector no tiene a quién atribuir el brillo, el incendio, el temblor o el crujir, respectivamente. ¿Pertenecen a la virgen o al niño, incluso al mismo yo poético, como si se viera en un espejo? La imagen presenta una estupenda escena del espejo (con el sujeto, la madre y el niño), en la que vemos la irrupción del deseo y su causa, esa dimensión inconsciente del "no sé lo que comprendo" y además la consistencia del goce concebido aquí como "furia loca". La frase "para ser a un niño" es, a nivel del significante y de la escucha, también ambigua o sintácticamente controversial por la preposición 'a': suena como "para 'hacer' a un niño… habría que besar de ese modo" o "para ser un niño… besa maravillosamente". Sea cual sea la interpretación, que no intentaremos aquí porque nos alejaría del tema de este libro, la niña-odalisca y este niño comparten, al menos, la riqueza de besos.

---

625). De nada vale la estatua levantada en su honor después de su muerte.

El Oriente y la orfebrería poética

Como vamos viendo, la imaginería orientalista está en general ligada a la escritura de versos, al hacer poético: se cincela una rima como (si fuera) una piedra preciosa, hasta que adquiera la frágil consistencia de una flor. Tenemos así la idea de Oriente y la de las sofisticadas ciudades europeas en relación a la artesanía y el paciente trabajo de orfebrería, capaz de competir con la naturaleza. Oriente funciona en Darío como el espacio utópico de su poética que, como vemos, no está pensada en términos fabriles modernos, sino en su dimensión artesanal, aunque—como demuestra Jitrik— su poética responda, contradictoriamente, a un modelo maquinal.

> Yo quisiera cincelarte
>
> una rima
>
> delicada y primorosa
>
> como una áurea margarita,
>
> o cubierta de irisada
>
> pedrería,
>
> o como un joyel de Oriente
>
> o una copa florentina. (V, 616-617)

Lo europeo, en cierto modo, como lo podemos ver en dos sonetos extraordinarios, en "De invierno" y "Leconte de Lisle", le resulta también interesante, como la "copa florentina", en tanto y en cuanto aloja la experiencia del Oriente. En efecto, Carolina "descansa en el sillón" y su gato roza "su hocico la falda de

Alençon, / no lejos de las jarras de porcelana china / que medio oculta un biombo de seda de Japón" (V, 750). Es un paisaje interior, íntimo, orientalista que contrasta con el afuera cruel y natural, geográficamente europeo, es decir, con "la nieve del cielo de París". No olvidemos que, como nos lo dice Gabriela Chavarría U. siguiendo algunas ideas de Francisca Nogueral, aunque Darío amaba París, poco a poco se va desilusionando de ella; "París es, sin duda, una ciudad importantísima—escribe Chavarría U.—para la estética pero no es la ciudad ideal para Darío" (90). Para esta autora, la ciudad dariana ideal es Buenos Aires, por su promesa de futuro y su diversidad cultural. Francisca Nogueról[10] recupera una crónica titulada "París y los escritores extranjeros" (I, 461-468) en la que Darío imagina a esa ciudad como un imán capaz de atraer a todos los extranjeros, sin distinción de razas ni de nacionalidades. Llevando su discurso hacia otro nivel, nos habla de un París que es más una ilusión que "embriaga de lejos"; es intoxicante como el alcohol, un paraíso artificial que, como si fuera una especie de virus, inocula en el cuerpo de los extranjeros la 'parisina'. Señala haber "escrito cosas más 'parisienses' antes de venir a París que durante el tiempo que [ha] permanecido en París" (I, 464). Declara haberse sentido siempre "extranjero entre estas gentes" que, en su ignorancia del mundo que existe más allá de esa ciudad y hasta cierto provincialismo mental, "parecen preguntar: ¿Cómo este hombre es extranjero y sin embargo, tiene talento?" (I, 463). En un ensayo de 1912,[11] titulado "El deseo de París"—como el deseo *del*

---

[10] En su ensayo "De parisitis y rastacuerismo: Rubén Darío en Francia", Nogueral atribuye a Darío un texto que éste transcribe de un libro de Tulio M. Cestero (176). Sin embargo, la autora señala con justeza cómo al temprano entusiasmo dariano por París, tal como lo confiesa en su *Autobiografía*, se opone el descubrimiento de "su identidad americana en tierra extranjera" (183).

Oriente, con esa ambigüedad típica del 'de' que una vez señalara Lacan—Darío describe la situación desesperada de los inmigrantes pobres en la gran ciudad y particularmente pinta un panorama atroz para aquellos que llegan sin dinero con la ilusión vana de vivir de la literatura. La París disfrutable es solo para los adinerados.

El poema a Leconte de Lisle es más complejo, porque es un poeta parnasiano admirado por Darío y cuya nacionalidad francesa resulta en cierto modo diferente a la de otros parnasianos. Leconte había nacido en una colonia francesa en la isla de Réunion, en el Océano Indico, cerca de Madagascar y su padre lo hacía viajar desde temprana edad por las Indias Occidentales, es decir, por la India y el sudoeste asiático. Era francés por 'fuera' pero, como la habitación de Carolina, internamente oriental. Como poeta, Leconte de Lisle, según el poema de Darío, recorre el reino soberano de las musas y su inspiración se compara a la de un "rajáh soberbio que en su elefante indiano / por sus dominios pasa de rudo viento al són." (V, 751). Otra vez la idea del poeta como intermediario capaz de transformar el ruido del lenguaje en una dimensión musical. No olvidemos que cuando Darío se refiere a los trovadores orientales, como veremos en "La cabeza del rawí" o en "Alí", la característica más subrayada es que el rawí sabe tocar la guzla o bien tiene "una guzla en la garganta" (V, 496). Por eso Leconte, al que el sujeto poético trata de 'tú', es comparado al faquir y su poesía está nutrida de lo auténticamente oriental. Es interesante señalar que aquí Darío no abunda en el inventario orientalista que usualmente enumera cuando menciona a una mujer. En este poema a Leconte parece atraerlo más la idea de los paisajes naturales de Oriente: "la selva y el león", "la savia de la tierra" y el "bosque colosal". Sin embargo, parece tratarse del sustrato o el semblante de algo más poderoso,

---

[11] Nogerol 183.

---

que resiste al significante y al que, por ello mismo, el poeta artesano sabe acercarse mediante "la lira que en tu mano / derrama su sonora, robusta vibración". Solo el murmullo significante puede dar cuenta de esa otredad gozante que es el Oriente, del cual Leconte conoce los "secretos y avatares", los "misterios seculares, / visiones seculares y espíritu oriental" y que—como exploramos en este estudio—constituye el deseo dariano.

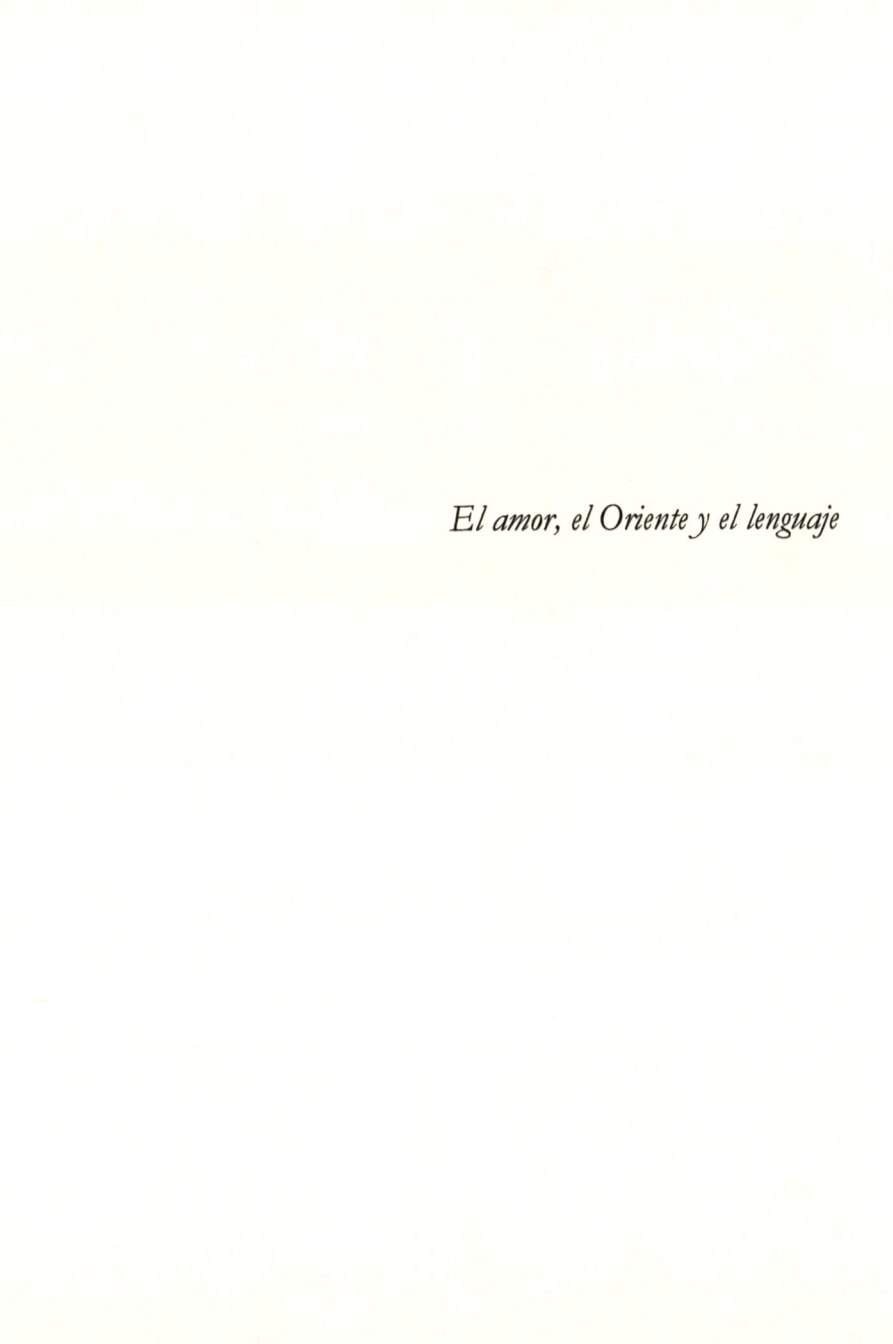

El amor, el Oriente y el lenguaje

¡Vamos al reino de la Muerte

por el camino del Amor!

Rubén Darío, "Poema del otoño"

(V, 1057)

En *Prosas profanas y otros poemas* (Buenos Aires 1896, París 1901), Darío va a llevar su relación con Oriente hacia el gran Otro, el lenguaje. Va a 'orientar' su deseo no tanto hacia el 'mercado' o la lista ya conocida de objetos enumerados por el discurso orientalista, sino que lleva su demanda amorosa hacia el significante y hasta más allá del significante. En los poemas incluidos en este libro Darío quiere ser amado por su dama exótica, a la que reviste de los semblantes clásicos u orientalistas—como el hábito que oculta el cuerpo como objeto *a* (*Seminario 20* 14)—lo cual es calculable en el proceso metonímico de su deseo y hasta en la metonimia de su búsqueda de goce. No sólo imagina o vive sus amores con chinas, japonesas, francesas, sino también con otras que reúnen varios atributos culturales y raciales, como la cubana "[l]lena de un prestigio asiático" (V, 783), la cubano-japonesa a la que le escribe dos poemas[12] y la negra "como la que canta en Jerusalén el rey

---

[12] El soneto "Para una cubana" podría leerse en clave marxista, si pensamos en que esa mujer blanca y cubana y japonesa, asomada a la ventana, es buscada por el poeta. Se trata de una visión en la que la dama aparece como un fetiche, expuesta en una vidriera, irradiando el misterio de la mercancía. El "prestigio", es decir, el valor de cambio, está dado no sólo por lo exótico (lo asiático), sino también por lo enigmático y religioso

hermoso" (V, 773). Mujeres y poemas leídos están casi al mismo nivel en sus ensoñaciones; el desierto oriental se le presenta como "la página blanca" atravesada por los "tardos camellos" (V, 814). Como lo plantea Jacques-Alain Miller en una de sus *Conferencias Porteñas*, "[e]n "Subversión del sujeto..." Lacan indica que el goce solamente puede ser dicho entre líneas, que es la función de la metonimia" (95), cuestión que, nos dice Miller, Lacan retomará en "Radiofonía". La dama en tanto mascarada, en tanto "efecto de velo" (*Escritos* 695), inalcanzable en su cuerpo desde el goce fálico (*Seminario 20* 15), es también como el ágalma que contendría el objeto *a* (Lacan, *Escritos* 785), capaz de abrirle al poeta su deseo y la posibilidad de acceder al misterio erótico, tanto europeo como oriental. Como lo dice Lacan en sus *Escritos*, "[t]al es la mujer detrás de su velo: es la ausencia de pene la que la hace falo, objeto del

deseo" (785). Sin embargo, lo que resulta novedoso en este poemario es que Darío lleva su demanda más allá de la dama o bien convierte a la dama en ese gran "Otro absoluto" del que hablaba Lacan al principio de su enseñanza (*Escritos* 695); pero también sitúa en esa dama lo que Lacan planteará más adelante, en su *Seminario 20 Aun*, un goce esencialmente femenino infinito que está más allá del falo (15). Recordemos que si el significante está relacionado a lo simbólico, el goce—que "está interdicto para quien habla como tal,

("blancura eucarística"). El yo poético está completamente objetivado y, aunque afirma ser quien la ve, casi podríamos decir, como nos ha enseñado Lacan, que es el objeto quien lo mira. No debería sorprender, entonces, que el segundo soneto, "Para la misma", comience con el verbo 'mirar' y reduzca a la dama a un retrato, sea porque está enmarcado por la ventana (el fantasma siempre está enmarcado), sea porque podría ser "reproducida" por "un gran pintor" (dominio del arte), pero pintada "en un vaso de marfil" (dominio del bazar burgués, donde podría ser serializada).

o también que no puede decirse sino entre líneas para quienquiera que sea sujeto de la Ley" (*Escritos* 781)—está del lado del cuerpo y lo real.

Así, Darío, cuando se refiere al Oriente, apunta en su poética a ese goce "que no sirve para nada" (Lacan *Seminario 20* 11), alejado del usufructo y del utilitarismo. Su estética modernista se instala como un ir más allá del valor de uso del lenguaje, pero también quiere sacarlo de la circulación mercantilista que lo instala como valor de cambio. Para Ortega, se trata de "una política del derroche nominativo opuesta a la economía puritana del nombre exacto y del ahorro que exigen la moral didáctica" (43) Así, Oriente en tanto goce y causa del deseo es, pues, inalcanzable por el significante y por el Otro del registro simbólico; se trataría de un goce que, tal como le ocurre a las mujeres, solo Oriente puede experimentar pero del que nada sabe. En este sentido, podríamos usar las famosas frases lacanianas de "la mujer no existe" o "no hay la mujer", siempre con la tachadura sobre el artículo 'la' universalizante, y decir "el Oriente no existe" o "no hay el Oriente", nuevamente tachando el artículo 'el'. El Oriente, como la mujer, no se presta a una generalización, no importa cuán detallado y ajustado y hasta fiel al Oriente intente ser el discurso que habla de él. Desde esta perspectiva, el Orientalismo sería una cuestión de estructura más que de intencionalidad falocéntrica. Como hombres y mujeres están ambos involucrados en una sexualidad que responde a la función fálica, no es sorprendente que hasta la princesa de "Sonatina" piense—como Darío o el yo poético de sus poemas— "en el príncipe de Golconda o de China" (V, 774).

Oriente se convierte así primero en el Otro (A) y luego en el Otro tachado, para indicar que no existe como tal, que es, como la mujer, no-toda y, por eso, ligada a la verdad, que es también no-toda, la verdad no puede decirse toda.

Amame así, fatal cosmopolita,

universal, inmensa, única, sola

y todas; misteriosa y erudita

ámame mar y nube, espuma y ola.

(V, 773)

Darío, que no se priva de nada, da aquí el paso lacaniano siguiente, que supone a la mujer como síntoma de un hombre, es decir, el Oriente como síntoma de Occidente, pero también la mujer como objeto fantasmático (*a*) que causa su deseo. Tal como lo dice Lacan, el goce del Otro, *"del cuerpo del otro que lo simboliza, no es signo de amor"* (*Seminario 20* 12, el subrayado es del autor); Darío se dirige al Amor, ese amor que pide siempre más, que lo pide 'aun', que se dirige al Otro para que le haga alguna seña, ese amor que apunta a "esa falla de donde en el Otro parte la demanda de amor" (*Seminario 20* 12). Y por esta vía sólo le queda recurrir a ese afán místico, apelando al significante como único recurso, aunque sea en tanto ritmo y murmullo o vibración, para referirse a ese goce, localizado en lo simbólico pero éxtimo a él, similar a ese gesto del "no sé qué quedan balbuceando" sanjuanino: "Amor, en fin, que todo diga y cante, / amor que encante y deje sorprendida / a la serpiente de ojos de diamante / que está enroscada al árbol de la vida" (V, 773).

Obsérvese que solo quiere ser amado por el Otro, por el lenguaje y a través del lenguaje, casi diría que quiere ser amado desde el lenguaje, por el griego, el chino o el japonés. Darío orientaliza a Europa en este poemario de la misma manera que Europa lo ha hecho con Oriente; no parece haber diferencia en su demanda de lo exótico tanto para lo griego, lo francés como para lo asiático. Parece haber llegado al punto en que su demanda ya no se conforma con el discurso orientalista que la cultura occidental le ofrece—"las Grecias, las Romas y las Francias" (V, 768), como las pluraliza en "Divagación" para indicar justamente su carácter significante, esto es, no geográfico sino libresco, literario y discursivo. Su deseo apunta, pues, a un objeto *a* éxtimo a lo simbólico oriental, que le es estructuralmente inalcanzable, que causa su deseo y cuya consistencia está más allá de los significantes o del discurso y mercado orientalistas que tiene disponible: "Amo más que la Grecia de los griegos / la Grecia de la Francia" (V, 769).

Se trata de ese "aire suave" que sopla metonímicamente por debajo o a lo largo del significante, ese murmullo de lo real— incluso esa voz—que, aunque está en lo simbólico le es, como hemos ya dicho, éxtimo a él. Al plantearlo de este modo, Darío demuestra que el discurso orientalista europeo ya no lo satisface, al menos no lo satisface poéticamente. Quiere ir más allá de esas imágenes, de esos semblantes recolectados en sus lecturas: "¿Te gusta amar en griego?" (V, 769). No es éste el lugar de analizar "Era un aire suave…"; baste decir que el vocabulario convocado allí está más allá del signo, e incluso apunta al famoso 'azur', a algo que está más allá de los significantes y más íntimamente conectado a lo corporal: frases vagas, tenues suspiros, sollozos, trémolo, risas, sones, quejas, trinos, compás, ritmo, etc. De ahí que Darío, en una especie de soneto-preceptiva, recurriendo a lo pitagórico,[13] sugiera: "Ama tu ritmo y ritma tus acciones / bajo su ley, / así como tus versos" (V, 850). No se trata solo del cuerpo martirizado por el

---

[13] Sin duda, la estructura, si se quiere, matemática del soneto, hace que Darío, como el Parménides evocado por Lacan, "dice lo que tiene que decirnos de la manera menos necia" (*Seminario 20* 32)

significante, un cuerpo vaciado de goce, no se trata del principio de placer que ordena "gozar lo menos posible" manteniendo al sujeto lejos del goce; ni tampoco del deseo en tanto transgresión como reverso de la ley. Si el goce prohibido tiene que ser alcanzado en la escala invertida, es decir, por la ley del deseo y por tanto vía el significante, el goce excesivo se confunde con el dolor y habla de un real que insiste en el síntoma. Si bien esta relación del goce a la pulsión de muerte pareciera estar presente en este famoso soneto de Darío, especialmente en el segundo terceto, con las palabras "mata" y "urna", como si se refiriera al cuerpo fragmentado ("perla y perla"):

mata la indiferencia taciturna,

y engarza perla y perla cristalina

en donde la verdad vuelca su urna.

(V, 850)

me inclino a pensar, sin embargo, que se trata más de esa "sustancia gozante" o "sustancia corporal" que Lacan introduce en el *Seminario 20*, para referirse a "la sustancia del cuerpo, a condición de que se defina sólo por lo que se goza. Propiedad del cuerpo viviente sin duda, pero no sabemos qué es estar vivo a no ser por esto, que un cuerpo es algo que se goza. No se goza sino corporeizándolo de manera significante" (32). Y si se puede decir que se goza del cuerpo del Otro, hay que agregar que únicamente se goza de una parte ("perla y perla"). Jacques-Alain Miller ha seguido en *Extimidad*—a partir de su cruzada de leer a Lacan contra Lacan—estas paradojas lacanianas paso a paso a fin de desbrozar cómo es posible que siendo el significante lo que fundamenta el registro simbólico y lo que produce la operación de caída de ese resto que llamamos objeto *a*, sea sin embargo ese mismo significante el que, siguiendo a Lacan, "se sitúa a nivel de la sustancia gozante" (*Seminario 20* 33). Es claro que el significante es la causa del goce, si entendemos que el objeto *a* es lo que el significante ha dejado afuera de lo simbólico, pero éxtimo a él, íntimo pero separado. No vamos a detenernos aquí en esto. Retengamos, en todo caso, la pregunta lacaniana: "¿Cómo, sin el significante, centrar ese algo que es la causa material del goce" (*Seminario 20* 33). Detengámonos en la idea de que en Darío se trata de la poesía como canto, como música—de ahí la mención de los números diversos y lo pitagórico—que encanta. No hay todavía en Darío una experiencia de la poesía como escritura pura—a la manera de Mallarmé ("Va en silencio Mallarmé", escribe Darío en "Dream" (V, 1005)—como sustancia extensa sobre la página blanca.[14] En Darío lo que insiste es el murmullo significante que <u>surge de versos que, aunque</u> escritos (concepción todavía

[14] En "El soneto de trece versos" (V, 913), en "Melancolía" (V, 925) y en "Lo fatal" (V, 940) podría estudiarse el registro del goce como sufrimiento, ya que en ellos se establecen rupturas a nivel significante causadas por la tensión entre el sistema rítmico y la escritura no instrumental, en el sentido de traducir el significante oral. En el primer poema, el segundo terceto se desgrana escriturariamente, aunque todavía conserva un leve amarre al sistema rítmico; en "Melancolía", aparentemente —esto es, gráficamente— el poema está conformado como un soneto, aunque no responde a las cualidades formales del mismo, ya que el sistema rítmico impone versos de diversa medida y la imagen gráfica —sostenida por la rima— no puede ocultar, con sus repeticiones y anáforas, que hay algo que no cesa de no escribirse; finalmente, en "Lo fatal" este sufrimiento produce —después del famoso de Fray Luis— uno de los encabalgamientos más portentosos de la lengua española porque justamente hay que dar cuenta de una tensión entre sistema rítmico y sintaxis, con el resultado de indicar la inscripción del goce en el espacio blanco suspendido entre estrofa y estrofa, no obstante la continuidad del sentido.

burguesa—para apelar a términos barthesianos—como escritura instrumental), no están fuera de los sistemas rítmicos ni, por esa vía, fuera de las pulsiones. A pesar de conocer bien el verso libre, Darío se inclina más por la métrica y la exploración de sus posibilidades rítmicas. Se podría desarrollar, además de una estética, una ética dariana a partir de aquí, pero no lo haremos en este estudio. Apuntemos apenas que el nombre de la dama en "Era un aire suave…", Eulalia, nos da una idea de esta sonoridad, de este balbuceo o murmullo. Y esa dama parece encarnar la sonoridad "crüel y eterna" (V, 768).

Después de atravesar el fantasma orientalista, de fascinarse con la dama "como rosa de Oriente" (V, 771), de deleitarse con la seda, el oro, el raso, con el "amor de mil genuflexiones" (V 772), con las torres de kaolín, los pies imposibles, las tazas de té, las tortugas y los dragones y hasta de los "verdes arrozales apacibles" que nunca vio, Darío llega al núcleo de la cuestión: se topa con el objeto *a* y entonces demanda: "Ámame en chino, en el sonoro chino / de Li-Tai-Pe" (V, 772). Se refiere a Li-Po, también conocido como Li Bai (701-762). Según sus biógrafos, "Li Po seems to have been born in Central Asia" (Mair 198) y Zhong afirma, asimismo, que Li Bai—como ocurre también con Darío—combina la cultura del norte y del sur (xxxiv); además, como ocurre también para el nicaragüense, en "Li Bai we have the tragedy of a lonely genious wandering the earth like an angel fallen from heaven" (Zhong xxxv). Por sus exilios, su conflictiva relación con el poder, por su gusto por el vino, las mujeres y la imaginación poética, es natural que Li Po haya interesado a Rubén. Guojian Chen, en su introducción y traducción del chino al español de *Dieciocho poemas de Li Po* nos dice que el poeta brilló en el momento de mayor apogeo de la poesía durante la dinastía Tang, "the golden age of Chinese poetry" (Zhong xxxi). Chen agrega: "En cuanto a la rima y la métrica, el poeta nutrido con la poesía popular, rompió los marcos rígidos de sus antepasados e hizo importantes innovaciones. Empleó un lenguaje sencillo y espontáneo, dando una gran musicalidad a sus versos" (179). En su prólogo a *Poesía clásica china*, refiriéndose a Li Bai, Chen enfatiza que "[g]racias a su alta armonía fónica y musicalidad, muchos son fáciles de recordar y se recitan en todas partes del país" (32). Por su parte, Stephen Owen nos recuerda que Li Bo—como Darío—construyó su mundo poético en el cual "an essentially 'poetic' recreation of the world of ancient myth has replaced the religious vision" (398). El verso "Diré que eres más bella que la luna" (V, 772) es casi una traducción de un verso del poema "The Women of Yueh-I" de Li-Tai-Pe: "Her face is prettier than star or moon" (*Works of Li Po* 48).

Darío no hablaba ni leía chino; según Yonghu Dai, "[s]e cree que la fuente china de Darío para "Divagación" ha sido el *Livre de Jade* (*Libro de jade*), una antología de la poesía clásica china traducida al francés por Judith Gautier" (213), primera esposa de Catulle Mendès. Darío parece también haber tenido contacto con la poesía china por medio de los simbolistas franceses, también a través de los hermanos Goncourt, de Catulle Mendès y de Pierre Loti. Sin embargo, Dai, que ha investigado puntualmente el tema, sostiene que "las fuentes de la China y el Japón de Darío ya no son necesariamente a través de la mediación de los autores franceses, como la crítica suele señalar" (Dai 226). En efecto, según un artículo escrito en los tempranos tiempos de *Azul*, probablemente bajo la influencia de su íntimo amigo chileno Pedro Balmaceda Toro y de Carlos Toribio Robinet, Darío ya cita al parnasiano Luis Bouhillet (Dai 219-220 nota 1). También, más tarde, será importante su relación con Julián del Casal y la comunidad china en La Habana, o las comunidades china y japonesa de Lima. Dai da otros ejemplos de la influencia de la poesía china en Darío, tal como ya lo había señalado Gómez Carrillo; la asociación entre alma y flor en "La anciana" (V, 849-850), o entre alma y mariposa en

"Sonatina" o en "Divina Psiquis" (V, 911-912) parecen estar en el repertorio poético chino y en la poesía de Li Bo (Dai 217-218). Claro está que no todas las imágenes orientales que Darío prodiga en su obra—no necesariamente limitadas al exotismo de la mujer oriental o a las clases aristocráticas, como bien lo señala Dai al citar una referencia dariana sobre humildes pescadores (215)—provienen de su cultura libresca, sino también de su contacto con el arte y los inmigrantes chinos en América Latina y Europa. Yurkievich, entre otros críticos, ha enfatizado hasta qué punto el repertorio de imágenes no proviene únicamente de las lecturas sino de la experiencia transatlántica—y cosmopolita, políglota, racialmente diversa—de Darío y de otros modernistas:

> Ya no se trata sólo de un enciclopedismo cultural que acumula referencias de diversos pasados prestigiosos, de una imaginación omnicomprensiva, alimentada por bibliotecas y museos, sino de una experiencia diaria de contacto con la actualidad expandida por los medios de comunicación a la extensión planetaria. (28)

Sin embargo, lo distintivo de "Divagación" es justamente que Darío va más allá de las imágenes y pretende captar la cualidad, indudablemente erótica para él, del 'significante' del chino como lenguaje poético. Desea ser amado desde la sonoridad de la *otra* lengua, más que por una mujer.

El Oriente, la alegoría del tiempo y la voz

Así como en la primera etapa de la enseñanza lacaniana el objeto *a* se ubicaba, como en la fórmula del fantasma, delante del sujeto, como meta del deseo, antes de que Lacan lo planteara como causa del deseo en su enseñanza posterior, asimismo Rubén Darío va a plantear el Oriente como esa dimensión desconocida pero atravesada por lo temporal histórico-alegórico. En efecto, se trata del Oriente como futuro.

En "El Porvenir"—que abre la sección "Poemas" del libro *Primeras notas* (1885)—el sujeto poético ya no está tan interesado en percibir, sentir o disfrutar de los paisajes exóticos; ha llegado la hora de pensar. Este poema, escrito cuando Darío tenía dieciocho años, plantea tempranamente los grandes interrogantes sobre el sentido de la vida y de la historia, sobre la imposibilidad del lenguaje de acercarse a lo real que insiste y no cesa de no inscribirse. Una vez más, Rivera-Rodas es uno de los pocos que ha realizado una lectura acotada del poema, mostrando cómo Darío va más allá de una mera renovación retórica de la tradición poética y por lo tanto este poema da cuenta de hasta qué punto "[l]a crisis [asumida por el modernismo como producto de la imposición colonial del castellano y el cristianismo sobre las culturas y las comunidades indígenas originarias de América] se incrusta en el pensamiento y los códigos culturales" [y resulta ser la] manifestación de un nuevo pensamiento en desacuerdo con la tradición y sus modos de entender, explicar y describir la realidad" (2000, 780).

"El Porvenir", con sus 676 versos, surge en ese momento en que el poeta, atravesado por una fiebre que lo agita, quiere "cantar el ideal de lo supremo" (V, 444), la escena de la meditación se sitúa nuevamente frente al sol: "El astro eterno luce" y "glorifica / la voz de lo inmortal su excelsa llama, / cuyo fulgor celeste se derrama / en oleada de luz que purifica" (V, 444). En este momento la idea no encuentra su forma pero el poeta se da ánimos para emprender la empresa y abordar la escritura: "Basta de vacilar. Alzo la frente, / tomo la pluma, y lo que pienso escribo" (V, 445). A partir de aquí Darío emprende una revisión completa de la historia humana señalando diversas etapas. Como lo plantea Rivera-Rodas,

> Sorprende que el casi adolescente Darío observe lúcidamente la condición propia del ser hispanoamericano. Su reflexión, que se remonta a los orígenes de la imposición del sistema colonial cristiano, se realiza a través de una expresión artística (la poesía) con una convicción moral muy racional, no adscrita a ninguna religión (o moral religiosa). Bajo la luz de un pensamiento renovado su expresión busca imágenes apropiadas para la situación que poetiza. (2000, 782)

Lo que sigue a ese comienzo marcado por la imposibilidad de decir, pero enfrentado a una voluntad de pensar y de escribir, es un largo poema que comienza con una referencia ineludible a la *Divina Comedia*: "En medio de la duda en que he vivido…" (V, 445). A partir de la duda—como emblema de la modernidad—el poeta, como espectador solitario, confiesa haber tenido "la visión de lo futuro" y pasa a compartirla con el lector. Como lo ha planteado Lacan en el *Seminario 3* a propósito del Presidente Schreber, la modernidad ha necesitado, desde Descartes, un dios que no engañe, para que la ciencia, basada en la duda, pueda tener una certeza en la que basar sus proposiciones y, a la vez, pueda tener una exterioridad como horizonte de cognoscibilidad posible.[15] Saúl Yurkievich

---

[15] "La noción de que lo real—dice Lacan en el *Seminario 3*—por delicado de penetrar que sea, no puede jugarnos sucio, que no nos engañará

señala, además, que contrariamente a un idealismo inicial, a partir de 1904, Darío comienza su etapa específicamente modernista marcada por una visión apocalíptica en la que la duda corroe la fe indefectiblemente y lo real desestabiliza los discursos y las autoridades: "El orden del discurso ha sido perturbado por la inserción de lo no previsible" (Yurkievich 36) o lo que, en los términos lacanianos del *Seminario 11*, llamaríamos la *tyche*, como encuentro con lo real y su irrupción en el orden simbólico. Nos toca agregar, siguiendo nuestra exploración sobre lo oriental, cómo esta visión, concebida como una fantasía del poeta frente al Creador, inquieta y corroe la tranquilidad de la tradición y de la idea de un Dios completo, autosuficiente. En este largo poema, el yo poético enfrenta la duda filosófica a la certeza religiosa, y esta visión también se sitúa al mediodía. Si "[c]on los modernistas comienza la identificación de lo incognoscible con lo inconsciente, de la originalidad con anormalidad" (Yurkievich 40), el escenario de este programa poético será un juego no siempre dialéctico entre luz y sombra, entre amanecer oriental y crepúsculo occidental.

Como lo vio Lacan para la escena del fantasma, el sujeto poético está fuera y dentro de la fantasía: se ve actuar en ella. El sujeto poético describe la escena y también se incluye en ella: "Yo fui llevado ante El, y le veía" (V, 445). No va, sino que es llevado, sutil manera de indicar que el deseo es el deseo del Otro. El fantasma, a su vez, es una pantalla que sirve de tope al deseo, que tapona a su manera la falta en el Otro. En esta fantasía dariana el sujeto poético nos presenta al Creador, es decir, el Otro, Padre celestial, "dueño de soles y señor de mundos" (V, 445), pero no se confronta directamente con él—como es el caso del Presidente

---

adrede, es, aunque nadie repare en ello, esencial a la constitución del mundo de la ciencia" (96).

Schreber—sino que interpone tres personajes. En efecto, el yo poético, en tanto neurótico, no se hace espejo del otro, como sería el caso de un psicótico; no es un cotejo entre el sujeto y el otro a los que se reduciría el mundo como ocurre en la psicosis en donde "están hechos uno en referencia al otro, [donde] uno le ofrece al otro su imagen invertida" (Lacan, *Seminario 3* 128). En este largo poema dariano, el sujeto poético ve todo en esa escena—que resulta siendo una alegoría y no un delirio—y registra todo, hasta hace hablar al Supremo, es decir, lo deja ver y lo hace hablar, lo historiza,[16] limitando de ese modo su poder que consiste tradicionalmente en no ser visto ni oído. El sujeto poético somete—si se puede decir así—al Otro a la prueba del significante y, en este sentido, lo domina. El proyecto, no obstante, que comenzará a fraguarse en este poema es el de arrebatarle la voz al Otro, no tanto su palabra. El sujeto poético no va a repetir los mandamientos del Otro, no se ubica como sujeto obediente y menos aún como eco del Otro, sino que quiere su propia voz. Tampoco se ubica como un místico que ansiara unirse al Otro.

---

[16] Se trata de una neurosis marcada por la represión, en la que el sujeto se las arregla con lo reprimido que vuelve a aparecer cifrado en el síntoma. Recordemos, como dice Lacan al diferenciar neurosis y psicosis, que el neurótico puede historizar, pero "la psicosis no tiene prehistoria" (*Seminario 3* 126). Incluso si abordáramos esta cuestión desde la lectura que Deleuze hace de Foucault, podríamos decir que Darío monta al Supremo al cuadro, lo hace visible y audible, lo saca del lugar de la fuerza in-formada invisible e inaudible y lo hace objeto del saber, lo incorpora a "[l]as relaciones de formas [que] son los comportamientos de curvas intengrales que actualizan las singularidades que mantienen entre sí relaciones de fuerzas" (Deleuze 242). No podemos en este ensayo desarrollar esta perspectiva, pero queremos marcar la productividad de la misma en el acercamiento a la poética dariana.

Esa voz, como veremos, va a situarse en un lugar preciso: en la dimensión afónica, silenciosa de la escritura dariana.

La escena descripta es levemente kafkiana, montada como un juicio del que no se conoce ni el delito ni la culpa, donde ha quedado fuera de alcance la causa. Es esa causa, esa falta, que Lacan llama objeto *a* y que sitúa en el Otro, lo que el sujeto poético viene a confrontar. El Señor convoca al Pasado (un anciano triste), al Presente ("un rudo obrero, / vigoroso y pujante, / de músculos de acero / y mirada radiante", imagen que corresponde a los afanes y anhelos industrialistas del momento) y al Futuro (un arcángel). El Futuro va a tomar rasgos que ya hemos visto antes para definir el Oriente; frente al Supremo, expresa: "Tu luz hiere mi frente, / como las cumbres el rosado Oriente" (V, 460); va a situarse en ese momento intermedio entre la luz de la alborada y las residuales sombras de la noche y, como en la escena de la sultana, vamos a tener ese golpe de teatro dado por la neblina concebida, además, como un velo:

> Luego, un arcángel puro
>
> como el rayo del alba que ilumina
>
> con tenue claridad el cielo obscuro
>
> entre el cándido tul de la neblina.
>
> (V, 446).

Los tres personajes se postran ante el poder del Señor, "Dios resplandeciente", concebido como un Otro sin falta, completo, y "bajan la frente", en señal de respeto y sometimiento. Luego, irrumpe la voz que emerge del abismo, "la palabra del Eterno", cuyas resonancias producen un "rumor de cataclismo: /

hondo estremecimiento" (V, 447). Es una voz que interroga a los tres personajes, como el cisne interrogará más tarde a Darío con su cuello. Es la voz del Otro que se impone sobre el sujeto, el otro lado de la ley, sobre la cual ésta adquiere su vitalidad como autoridad y poder; pero también la del Padre mítico, que no termina de morir y sigue resonando. No se trata de la voz como objeto pulsional, no se trata de la pulsión invocante, que Lacan postula en su *Seminario 10*—junto al objeto *a* como mirada. Se trata de la voz como sonido del shofar—la del dios judeo-cristiano que nada tiene de abstracto, como el dios de los filósofos, y que por eso mismo puede espectralmente dialogar con sus criaturas. El sonido del shofar certifica el pacto que la comunidad signa con dios. No es casual que Darío construya en su poema un yo poético capaz de enfrentarse a esta voz y que para ello sitúe su "pensamiento" en una dimensión ritual, religiosa; se preocupa en este poema de la posibilidad de que "se ofusque la mirada / si estoy de cara al sol" (V, 444) o teme que "vacile mi voz debilitada / al cantar el ideal de lo supremo" (V, 444). El sujeto poético nos pone en presencia del Dios, astro supremo, voz de lo inmortal al que va a confrontarse, casi en un gesto bélico, desafiante:

Pero… ¡valor!, ¡arriba, pensamiento!

vuela, atrevido acento;

alma ansiosa, sacude la cabeza

y a la altura los ojos endereza. (V, 445)

De alguna manera se trata de una lucha (¿por puro prestigio?) entre palabra divina y palabra humana, dios-padre eterno que no cesa de morirse y poeta-hijo, solitario, excluido de la comunidad, que aspira a la eternidad de su palabra.

Los tres personajes Pasado, Presente y Futuro son convocados a escena, convocados a comparecer frente al Ser Supremo, a partir del sonido de un instrumento de viento que lo representa:

El Ángel del Señor su clarín de oro

soplo a los cuatro vientos;

rodó el eco sonoro

del orbe a conmover los fundamentos. (V, 446)

Pasado, Presente y Futuro se presentan y declaran. Sin duda, más que como testigos, hablan como víctimas. Pasado incluso "habló con dolor y con despecho" (V, 447). El sujeto poético es el que, mediante el montaje de esta escena en la que no comparece (doble exterioridad, ya que mira desde cierta distancia y no habla, pero a su vez forma parte de la escena), armará su estrategia para enfrentar la muerte: se trata de una angustia que, como plantea Lacan, está relacionada con la castración pero a su vez "con el campo donde la muerte se anuda estrechamente con la renovación de la vida" (*Seminario 10* 284). Lacan evoca el sonido del shofar[17] en

---

[17] En el *Seminario 10* Lacan pone otros ejemplos tomados de otras culturas que podrían oficiar de equivalentes al shofar, como por ejemplo, la tuba, la trompeta, incluso otros que no son instrumentos de viento, como el tambor o "cierto tipo de redobles" en el teatro Nô del Japón (270).

el momento en que un judío, como Spinoza, es excluido de la comunidad, pero que, no sin cierta idea sacrificial, renueva al mismo tiempo el pacto de todos los miembros de la misma. Se trata de la excomunión de quien traiciona la causa, de quien va más allá del padre, un momento crucial de ruptura necesario para asumir la propia voz, tal como le ocurrirá a Lacan con la comunidad analítica de la cual fue expulsado. Este poema dariano, incorporado a *Epístolas y poemas. Primeras notas* (Managua, 1885), si bien retoma rasgos románticos ligados a la excepcionalidad visionaria o vidente del poeta, ya vislumbra un camino programático para el 'padre' del Modernismo. El poeta sacrificado—como sabemos—no está aquí para ofrendar al Otro ni para obedecerlo ni unirse a él, sino para capturarlo en la red del deseo (*Seminario 10* 299). "El Porvenir" es elocuente en tanto sitúa al sujeto de la escritura en un proceso que admite, con Lacan, la idea que "[n]o hay superación de la angustia sino cuando el Otro se ha nombrado" (*Seminario 10* 365).

No habiendo, pues, causa aparente para el proceso al que son convocados, es evidente que, para los personajes, se trata de la

experiencia del *Che vuoi?* y como veremos de su reverso: no sólo qué quiere el Otro de mí, "qué me quiere el Otro", sino también del "¿Puede el Otro perderme?" Darío va a articular en este largo poema las dos interrogantes de Lacan para la clínica. Al Otro amable corresponderá un Otro malo que goza (Miller *Cuando el Otro...* 76-77). Los personajes apuntarán, con los recursos que tienen a su disposición, a ese objeto irreductible a la simbolización que se sitúa en el lugar del Otro, que constituye la falta en el Otro. Se trata de esa falta "hecha al goce que se sitúa en el Otro" (*Seminario 10* 358), la que determinará que el deseo del sujeto— separado del goce—solo pueda acceder a él si atraviesa, si "[franquea] el fantasma mismo que lo sostiene y lo construye" (*Seminario 10* 358). Este poema dariano, imaginado casi como un auto sacramental, oficiará como un atravesamiento del fantasma que el sujeto de la escritura realiza para producir, si se quiere, un cambio de posición subjetiva capaz de llevarlo o de inspirarle otra poética, de cambiar su relación con el lenguaje, de posicionarse diferentemente respecto del goce.[18] No debe escapársenos aquí la diferencia entre sujeto poético y sujeto de la escritura. Jacques-Alain Miller ha señalado la función de la escritura, especialmente en el tratamiento de la psicosis, del siguiente modo:

> En la palabra hay sobrentendidos insertos en un intercambio en el que circula maldad. En la escritura, el sujeto, aparentemente, recupera su actividad de una manera unívoca. Cuando uno habla, es hablante y hablado. Esto es algo inherente al diálogo o al intercambio; rebotamos en la palabra de alguien, etc. Mientras que, en la escritura, uno es activo, sujeto escribiente. Es como si la escritura tuviera a raya la cuestión de la mala intención. (*Cuando el Otro...* 91)

Darío en este poema—en el que desde el comienzo evoca la escena misma de la escritura—quiere poner a raya la mala intención del Otro. Después de todo, este largo poema culmina con la visión

---

[18] Como veremos más adelante, Darío habla en la epístola "A Ricardo Contreras" de su escritura temprana como un "parir" versos (V, 403). La tentación de leer "El Porvenir" en cotejo con las *Memorias* del Presidente Schreber son grandes, pero de corto alcance, por cuanto el famoso psicótico, aunque se posicionaba también como mujer de Dios, imaginaba ser el fundador de una nueva raza schrebiana. Schreber arma también un enorme relato sobre sus relaciones con dios. Sin embargo, Darío no está escribiendo un delirio psicótico (aunque sin duda la escritura, como al psicótico, lo pacifica); no sólo por no oponerse a ese dios como otro, sino también por negar todo tipo paternidad/maternidad, todo tipo de escuela e imitación.

de un porvenir en el que el sujeto de la escritura ha logrado "captar *a* [es decir] bordear, situar el goce en forma de objeto" (Miller *Cuando el Otro…* 91). No debe sorprendernos que el poema concluya con ese "¡América es el porvenir del mundo!" (V, 468), en el que, a su manera, el sujeto le ha arrebatado un mundo al Ser Supremo, ese ser que, al principio, se le aparecía como "dueño de soles y señor de mundos" (V, 445). Esa América no es la del Norte, sino la América Latina (V, 466); el sujeto poético se identifica con el Porvenir, con ese espacio-tiempo del futuro que, sin duda, requerirá de una nueva poética y hasta de una nueva palabra. Esa 'nueva' poética, como sabemos, va a instrumentarse no tanto a partir de las imágenes novedosas, sino a partir del trabajo sobre los valores sonoros del significante. Este nuevo "dios" no carecerá tampoco de maldad. Y es que "la maldad está esencialmente ligada al significante, mientras que la belleza concierne a la imagen" (Miller *Cuando el Otro…* 91).

Como lo plantea Lacan, "se trata de abordar, el [piso] del oído [en la lista de los objetos parciales]" (263). Como el objeto oral y anal, como el objeto mirada, la voz va a tener también su rol específico en la función del deseo, cuyo drama se sitúa alrededor de ese resto que Lacan llama objeto *a*. En consecuencia, Pasado, Presente y Futuro hablan para ser escuchados por el ser supremo, no sin insinuar la inconsistencia, e incluso la maldad, de ese Ser. El sonido del clarín—que como el del shofar es "clamor de la culpabilidad" (*Seminario 10* 299)—articula algo del Otro que cubre la angustia y que, en el poema dariano, se registra como la angustia del sujeto poético que asume sacrificialmente la pesada carga del tiempo y de los destinos de la humanidad. Por eso los tres personajes emblemas-del-tiempo y—en la perspectiva total del poema—el yo poético, cada uno a su manera, no dejarán de apuntar a la forma en que el deseo del Otro está implicado en tanta miseria humana. Como se trata del Ser Supremo, enmarcado en la tradición judeo-cristiana, Darío es muy cauto, es decir, no actúa como un psicótico para quien el Otro es intencionalmente malvado y conspira contra él, sino que se trata de una sospecha sobre la consistencia de la suma bondad del Otro basada en la contemplación de la historia humana.

Pasado, Presente y Futuro comenzarán su declaración definiéndose a sí mismos por medio de monólogos frente al tribunal. Darío imagina en este largo poema la gran escena de lo Simbólico *per se*, dejando insinuado—siempre está la ironía dariana de por medio—que, si hay proceso, es porque ha habido una falta (incluso un crimen) que, directamente afecta la consistencia del Otro. Lo que Darío ya comienza a insinuar e intentar con su escritura es hacer resonar su propia voz en "el vacío del Otro en cuanto tal" (Lacan, *Seminario 10* 298), tarea que irá pautando más detalladamente a partir de su primer viaje a Europa. A ese vacío en el Otro (en el Otro europeo y colonialista), a su falta de garantía, a esa palabra del Otro que exige "obediencia o convicción" (Lacan, *Seminario 10* 298), Darío le opondrá su idea de la musicalidad, si se quiere, del significante modulado, del sintagma como una serie, del trabajo del significante que, operando poéticamente, más que clausurarse en el significado se abre a la significancia, como reverso de la ley. En cierto modo, el shofar o el clarín es puro significante que conmueve, conmociona más allá del signo. La palabra dariana se sitúa así no en el campo del mandamiento sino, por el contrario, en la del deseo; si el Otro llena esa falta con sus palabras, con signos, Darío propone jugar con el significante y romper el lazo que lo une al significado. Si, por un lado, pretendiéramos no obstante leer "El Porvenir" como un delirio dariano orientado hacia dejar constancia de la maldad del Otro, del Otro malo, del Padre que no termina de morir, también hay que, por otro lado, dejar constancia aquí que, aunque la voz lacaniana no es, digamos, acústica, el modernismo que Darío inaugura, más allá de los ritmos y rimas de su poesía, parte de una ideología de la sonoridad (como ha planteado Noé Jitrik), que hay que pensar en términos de máquina o de estructura, incluso de programa significante y hasta de aparato de goce, como hemos planteado más arriba.

El Pasado, que vive y viene de un "sombrío imperio", explicará la forma y las consecuencias de esta falla en la creación: se trata de la aparición del mal, que lleva al hombre a creerse "rey de todo" y a pensar "a su placer y su acomodo" (V, 448). Viene ante el tribunal a dar cuenta fundamentalmente de la euforia triunfalista de Satán, quien desde las sombras, "en la niebla / invisible", celebra su triunfo: "la raza de Caín el mundo puebla".[19] Su testimonio dará cuenta de los abusos y excesos de los hombres, la forma en que—en la alborada del mundo—la pasión y "el peso de incógnitos delitos" (V, 448) interfirieron con las aspiraciones del "ansia roedora / del corazón que busca un ser primero" (V, 448). A pesar de sentir el poder divino y soberano, el hombre buscará a tientas herir el pecho del hermano; ni la familia ni la patria pueden atizar "el huracán de la discordia" (V, 449). El Pasado le pregunta al Señor qué podría hacer el hombre, "prisionero / del mal que le consume y que le amaga" (V, 449). Por medio del Pasado, Darío expresa su visión del mundo y de la historia humana, completamente ensangrentada, y también sobre la voluntad de poder que ciega al hombre. No deja de deslizar, aunque veladamente, su opinión sobre la conquista de América y la situación del mundo indígena:

Tras el conquistador que el hombre oprime,

el fraile que el espíritu ataraza;

---

[19] Este verso dará título a la novela *La raza de Caín*, del uruguayo Carlos Reyles (1868-1938), publicada en 1900.

tras una edad que gime,

una dormida raza. (V, 451).

Luego la descripción se rinde al tópico del *ubi sunt*; el Pasado reflexiona sobre la caída de las ciudades poderosas, la desaparición de sus héroes y sus pueblos, de sus artistas y sus filósofos, en fin, la desaparición definitiva de sus esplendores y ambiciones y hasta de su pervivencia en la memoria. El Pasado—"esqueleto / misterioso y escueto" (V, 453)—no deja de sentir compasión por la criatura humana, poseída del mal, y desliza la idea de la responsabilidad divina en todo esto:

Todo eso entre mi abismo;

del hombre infausta suerte:

llevó el germen del mal entre sí mismo;

por todas partes su destino advierte

que por la voluntad de Dios sagrada,

fue su vida pasada

dolor, esclavitud, y sangre y muerte. (V, 453)

El Pasado se hundió en las sombras y las edades pasadas—ese mundo confundido que inspiraba pavura en el único imperio cierto, el de la sombra oscura—se hunden con él. Pero de esa oscuridad emerge la figura de Cristo, cuya "radiosa frente / bañada en claridad resplandeciente, / surgió como el brillar del claro día"

(V, 454) y, otra vez se menciona la aurora para esta nueva transformación del Oriente: Cristo emerge "de aquel caos profundo, / lleno de majestad y poesía", como emblema de paz, vida, luz y esperanza. Ya Salinas exploró esta identificación de Darío y del Poeta con Cristo, con el hijo sagrado (265) e Ignacio López Calvo revisa esta identificación de Darío en varios textos y muestra cómo es a partir de allí que intenta posicionarse como mártir ("Rubén Darío y su búsqueda de armonía" 110-111). Hemos mencionado antes cómo, en un poema temprano, "Cámara obscura", Darío identifica al poeta, su figura, su sufrimiento, con Cristo. En "El Porvenir" se ajusta esta relación Cristo-Poeta por cuanto, tal como lo dice Dios en este tribunal imaginario, "el Genio es Verbo y vida, / y el verbo es luz; y Dios es luz brillante" (V, 455).

El Pasado, una vez escuchada la palabra de Dios, hace mutis; a continuación irrumpe, en este tribunal teatral y alegórico, el Presente, como símbolo del mediodía de la humanidad. Este personaje es el obrero, el pensador, en el que reside la fuerza del trabajo, el industrioso "que cambia, que ilumina y que progresa" (V, 455). Es el hombre de la era cristiana que distingue la verdadera religión de las adoraciones a ídolos groseros. Es el que promulga "la Ley, la Justicia y el Derecho". Es el pueblo soberano que derroca tiranos y promueve revoluciones: el Presente brilla en *La Marsellesa* y derrumba la Bastilla; desata al hombre de los yugos de la esclavitud e impone la Libertad y "el raudal de armonías que desata / como una catarata / de su arpa gigantesca, Víctor Hugo" (V, 457). Su testimonio subraya la fuerza del trabajo y de la ciencia: gracias a él el hombre puede subir "en el henchido globo", cruzar distancias enormes "en la humeante y veloz locomotora" y gobernar la infernal ola del océano. Gracias a él, el hombre puede dominar la naturaleza y conocer "las entrañas del mundo en los metales, / las entrañas del cielo en los planetas" (V, 458). Sin embargo, el Presente declara que el hombre padece de una falta, falta estructural, y que es al Futuro al que le compete hablar de ella. Esa falta es "algo oscuro / que el hombre no conoce, aunque presiente". El Presente declara ser solamente "la fuerza, el número y la duda" (V, 459), verso dariano realmente magistral para definir la Modernidad. En este momento de plenitud, sin embargo, alguien más hace su aparición: "con faz siniestra y ruda, / con su negro pendón flotando al viento / se levantó el fantasma de la duda"; con su brazo señala "a la fe que vacila" y que, toda bañada en llanto, le implora a Dios auxilio y consuelo. La duda hace estremecer los fundamentos de la fe y de la "noche larga" de su reinado. Inmediatamente, surge la palabra divina en medio de una oleada misteriosa de invisible incienso, que abarca todo el orbe, para solicitar la presencia del Porvenir, de la que espera "sea una lluvia de ideas tu palabra" (V, 460).

El Porvenir entra a escena y se presenta: "Señor, yo soy la aurora", es decir, como sabemos, luz que proviene del sol, del Señor: "Tu luz hiere mi frente, como las cumbres del rosado Oriente". Viene portando su "lábaro fecundo", sin duda con el monograma de la cruz, como los estandartes romanos, pero también con "Cristo y Job, Juan y Homero, Eschylo y Dante" (V, 461) y sobre todo con Pan y su flauta, que purifica el ser y que "tiene por sola religión el Arte". Al Porvenir le pertenece la vida: "¡la vida universal!, todo eso es mío". Su luz eterna, su resplandor, es capaz de cerrar "la negra boca del sañudo infierno". En las llamas que cubren sus regiones, según declara el Porvenir, "al Oriente / un árbol crece de robustas ramas, / emblema fiel del Porvenir luciente" (V, 462). El árbol es un eje que une tierra y cielo, raíces y pájaros, flores y nubes, mariposas y musas. Su fruto es amargo, ya que es "el árbol del Génesis sagrado" que ha extendido sus ramas "para abrigar al hombre venidero" (V, 462). Es por sus ramas que el hombre puede elevarse y fundirse en el azul. El Porvenir es capaz de abarcar en un abrazo la faz del mundo. Aquí es donde vamos a encontrar una descripción de Asia, África, Europa y América. Si Asia se caracteriza por su inmensidad, por las luchas de "innúmeras falanges" (V, 463), por sus bosques gigantescos, su brutal hipopótamo, su forzudo y feroz rinoceronte, y el consagrado elefante, África, en cambio, es sombría y aletargada, tierra de "hombres de piel negra, / hijos de Cam", "raza de esclavos y precita, / raza sin libertad, raza maldita" (V, 464). Europa es "la altanera, / la tierra de los sabios"; todo el eurocentrismo dariano se enarbola aquí: "Europa artista, Europa sabia, Europa / que crea, canta, inventa" (V, 465), pero finalmente mundo viejo, maduro, cano. Tierra de Cervantes, de Shakespeare, de Voltaire, de Dante. Y luego América, donde el Porvenir—con quien se identifica el yo poético—es tierra hermosa, joven, mundo niño, alzará su trono soberano, es el nuevo Oriente que levantará su bandera altiva "sobre la cima augusta de los Andes" (V, 465), hará sonar "la trompeta de la Fama / en loor de la América Latina" (V, 466). Por intermedio del Ángel del Porvenir, Dios enviará su beso a esa América.

Y es en este momento de "hervor universal" vislumbrado por el Porvenir, que se produce la visión del poeta:

Calló el Ángel; tocó la espesa llama

que cubría el Oriente;

y el firmamento puro,

y el hondo abismo obscuro

se bañaron de fuego de repente.

Y tuve la visión de lo futuro. (V, 467)

Es en este instante casi místico, donde la llama del fuego del Oriente ilumina el firmamento y el abismo, cuando suena nuevamente el clarín de oro "a los cuatro vientos; [cuando] rodó el eco sonoro / del orbe a conmover los fundamentos" (V, 468). Esta experiencia acústica se une al acento soberano que bendice a la América. Sonido y palabra, pues, que de ahora en más definirán el programa 'modernista' del sujeto poético.

El malestar en la literatura:

más allá del Oriente orientalizado

El significante "Oriente" reaparece en el primer verso de "Ecce Homo", pero esta vez para darnos una experiencia diferente a "El Porvenir". Si Pasado, Presente y Futuro tenían cada uno cierta consistencia histórico-temporal que abría la dimensión de la diferencia (el mundo antiguo, Cristo, la revolución burguesa, el obrero industrioso moderno y la promesa latinoamericana), ahora el Oriente va a estar atravesado por la mismidad:

Siempre la misma aurora por Oriente,

hoy como ayer, y como ayer mañana"

(V, 480).

Spleen, hartazo, aburrimiento son los marcadores sintomáticos que llevarán al yo poético a devaluar cada uno de los lugares poéticos de la tradición:

Ya estamos aburridos

de mirar tanta flor y tanta nube.

Los pájaros aturden en los nidos,

y los céfiros mal entretenidos

no cesan de jugar al baja y sube.

Este malestar alojado en el sujeto es, no obstante, un malestar en la cultura que va a llevarlo a tomar la voz para hacer un reclamo colectivo. No sólo ve la poesía como un espacio de lugares comunes, "variaciones sobre el mismo tema" (V, 480), sino que enfrenta al Ser Supremo de una manera nueva: la demanda de amor se hace aquí plena.

> ¡Oh Dios! ¡Eterno Dios, siempre soñado,
>
> siempre soñado, que jamás te vimos!...
>
> ¿No te duele el estado
>
> fatal en que vivimos? (V, 480)

Es el momento preciso en el cual, frente al silencio divino (¿muerte de dios?), que no responde, todas las criaturas "rompan estas terrenas ligaduras / en que la voluntad se encuentra atada" y en consecuencia, "preciso es ya que tu hijo se subleve" (V, 481). Y el ataque lo emprende el sujeto poético contra la naturaleza en primer lugar (selva, arroyo, viento, mar, etc.) y luego contra la vida social: "Ven acá sociedad, quiero mirarte; / voy a descuartizarte" (V, 484). Los dardos se dirigen entonces al "hombre honrado", hipócrita, buen cristiano que no se conduele con el mal ajeno; a la nobleza que, por abuso en el poder de sus uñas y manos depredadoras, terminan perdiendo la cabeza; al pueblo, bestia "feroz, siempre de carga" (V, 486), "torpe, sucio, feo, malo" (V, 486), que se queja del verdugo al que siempre se somete; al obrero esclavizado que no quiere levantare y sublevarse y se queda comiendo su pan y su cebolla; a la ramera que se vende por un trozo de pan para poder dar de comer a su hijo. Ni la ciencia ni la libertad en las que se sustenta el Progreso han podido educar al hombre para evitarle ser "esclavo de su vida, / para ser ignorante / y tener la cabeza envanecida." (V, 488). Nada ha servido porque todavía, a pesar de "seis mil años de escuela", cuando miramos "nuestro ser mismo, / miramos el abismo" (V, 488).

El poema continúa con una quevedesca visión de la mujer: todo en ella es postizo y detrás de esos semblantes solamente se vislumbra *Das Ding*, la Cosa, en la que se halla "el verdadero secreto" (*Seminario 7* 60). Lacan nos recuerda que *Das Ding* es "lo que llamaremos el fuera-del-significado" (*Seminario 7* 70), del cual el sujeto guarda distancia por medio del principio del placer o de los diez mandamientos que constantemente intentamos transgredir (*Seminario 7* 87); en este sentido, *Das Ding* está en la base de las pasiones humanas. Es lo que funda la tendencia fallida del sujeto a volver a encontrar el objeto (*Seminario 7* 74). El sujeto poético nos dice que el talle se debe a "ese corsé de barbas de ballena"; la trenza obscura es ajena, postiza; incluso la "hermosura verdadera" está destinada al polvo: "Caiga esa cabellera, / esa carne, esa piel... ¿Qué hay? –Calavera." (V, 490). Esta disección (como la llama el sujeto poético) del cuerpo femenino lo enfrenta a la perentoriedad del cuerpo y de la vida, es decir, a la muerte: la carne oculta el "horrendo esqueleto" (V, 490); se devela la verdad desnuda, la "Miseria de miserias, que en la vida / fue miseria escondida" (V, 490). Incluso la mujer "reina del mundo", capaz de brindar tantos goces con sus besos, no es más que "un costal de carne y huesos". Pero esta calavera, este esqueleto y estos huesos no son más que endebles maneras de imaginar la Cosa. Y Oriente ocupa en Darío este lugar de *Das Ding*. Ni el Arte con sus evocaciones imaginarias o sus estatuas perfectas pueden hoy "incentivar pasiones" (V, 491). ¿Qué queda entonces? Queda Dios, otra manera de *Das Ding* imposible de apresar, pero está cubierto por la duda; "está en lo inmenso, en la altura, ¡quién sabe!... / Me abismo si en él pienso: / ¡en ese hondo misterio todo cabe!" (V, 492). La Cosa y Dios tan incognoscibles como lo real, se unen aquí a la sospecha de la inconsistencia del Otro. El sujeto poético e incluso Darío mismo no harán más que merodear alrededor de este "hueso", volviendo siempre al mismo lugar, siempre capturado por diversos señuelos. Cuanto más se acerca a dicho hueso, que oficia de su Bien soberano, más sufrimiento, más dolor padece (*Seminario 7* 76).

La fantasía oriental: el deseo y goce de la mujer

En el poema "La cabeza del rawí" (V, 493-498), dedicado a Emelina, Darío va a localizar 'la fantasía oriental'—como él mismo la designa—en un punto preciso que nos permitirá trabajarla en múltiples niveles de interpretación. En efecto, es la fantasía que, según le han dicho, más satisface a las mujeres: "los cuentos orientales / les gustan a las mujeres".[20] Se coloca, pues, en posición de saber qué quiere una mujer. La décima inicial responde a la demanda de una niña—probablemente la misma Emelina—que le pide al poeta cuentos, ya que éste parece estar pletórico de ellos. El poeta confirma su riqueza narrativa y detalla una lista de historias que podrían satisfacer la demanda de la pequeña; también deja constancia de que sabe "cuentos dulces, cuentos bravos [...] / cuentos de dicha inmortal, /divinos cuentos de amores / que reviste de colores / la fantasía oriental". Y le da a elegir. El yo poético es el que tiene todos los significantes y generosamente se los ofrece a la niña quien solo escucha y no habla. Como hará el rawí de la historia, el sujeto poético tiene la capacidad de encantar y masculinamente intenta llenar el supuesto vacío de la mujer, llenarla de significantes para, simultáneamente, vaciarla de goce. Sin embargo, esta relación de dos está mediada por el lenguaje, por el Otro; de modo que, como en el amor, siempre hay por lo menos tres.

---

[20] Es interesante transcribir lo que Juana de Ibarbourou escribe en "Tilo", incluido en *Chico Carlo*: "para mí, niña de pueblo, la China era lo maravilloso, lo edénico, el país de la fábula donde existían las cosas más ricas y mejores del mundo, desde los muebles constelados de nácar como los de Manuelita Montero, hasta los rojos hermanitos que llegan a la casa sin saber más que llorar, y los perros amados como Tilo, dechados de perfección para su dueña".

Entendemos que la niña—y como luego veremos que hace el rey de esta historia frente a las muchachas—tiene la capacidad de elegir del repertorio que se le ofrece y ha optado por "un cuento musulmán / que sobre un amante versa, / y me lo ha contado un persa / que ha venido de Hispahán", la antigua capital de Persia durante los siglos XVI y XVII. El componente oriental está autenticado por la trasmisión oral de un nativo; no proviene de una lectura ni de la erudición, sino de un intercambio entre sujetos masculinos. En cierto modo, en esa transmisión oral frente al persa nuestro sujeto poético ha ocupado él mismo el lugar de la niña. Ocupando uno u otro lugar, lo cierto es que Darío siempre responde con su escritura a las demandas, como ocurrirá luego con otro poema orientalista, "Alí", escrito para satisfacer, esta vez, la demanda de un hombre, el Dr. Jerónimo Ramírez, que "tanto gusta de las cosas del misterioso Oriente" (V, 515). En "La cabeza del rawí" el sujeto poético se decide a satisfacer a la niña y le cuenta una historia de amor y desamor con rasgos de truculencia.

Aunque luego podremos puntualizar algunas relaciones entre la historia contada y esta relación del sujeto poético (varón, adulto) con la niña o un amigo—o con el lector—vale la pena señalar otros aspectos en este nivel de interlocución.[21] Si la niña o el

---

[21] Julio Ortega ya ha señalado cómo "Darío requiere centralmente del lector, del oyente o del interlocutor, porque su sistema poético, desplegado como innovador, sensorial y a la vez indagatorio, no podría cumplirse sin el acceso al lector de la poesía convocado en su papel de testigo, cómplice y actor él mismo de la belleza y el misterio que permiten las palabras" (48). Sin embargo, es necesario discernir cómo opera la cuestión del género sexual de ese lector, oyente o interlocutor en la poética dariana. Porque la cuestión de género también se relaciona en Darío con la teoría de la escritura, en la medida en que la vive como un parto; en efecto, en la epístola "A Ricardo Contreras", Darío se defiende de las críticas de su amigo a sus poesías juveniles, diciéndole: "y sabe

amigo demandan una historia de amor oriental, el sujeto poético también da cuenta de su falta al demandar ser escuchado. Cada uno busca en el otro el complemento de su propia falta, y por eso la relación que establecen puede pensársela en términos de amor, tal como Lacan lo plantea: dar lo que no se tiene a un ser que no es. Cada uno apunta a la falta del otro. La demanda, siendo demanda de amor, está anudada a un imposible: "el amor es dar lo que no se

tiene" (Lacan *Seminario 8*, 45). Pero como la demanda de alguna manera se articula al significante, al menos se puede dar un cuento y una escucha. Sin embargo, como nos dice Juan Carlos Indart, "no es desde el significante sino desde ese hueco [en el Otro], desde esa falta, desde ese punto de angustia en el otro de donde puede surgir esa transmutación que es 'dar lo que no se tiene', o sea el amor" (54). ¿Querrá el sujeto poético, como el rawí de la historia que nos va a contar, encantar a la muchacha o al amigo con su canto? ¿Estará arriesgando en ello—como el rawí—su propia cabeza? "En verdad—nos hace notar Indart—que a la muerte le queda bien la definición de amor" (54). Lo cierto es que si, como nos dice Lacan en su *Seminario 3*, "el oyente del discurso participa en forma permanente en relación a su emisor", si la significación "tiende a

ahora, porque justo seas, / que aquesa malhada obra mía / que hoy con tanta frescura vapuleas / parto fue de un muchacho que en un día / remoto dióse a hacer en mal romance / versos de desgraciada poesía" (V, 403). Es decir, Darío escribe como madre y ya hemos apuntado algunas cuestiones ligadas a la figura de la madre. Habría que desarrollar esta posibilidad de lectura en su poética a partir de la forma en que, como neurótico, Darío se satisface en la posición femenina, lo cual no significa que no "[siga] siendo cabalmente un hombre, provisto de su virilidad, en el plano imaginario y en el plano real" (Lacan, *Seminario 3* 122). Nuestro estudio intenta una aproximación preliminar a este tópico, ya que nuestro propósito no es la teoría de la escritura/lectura en Darío, sino el Oriente.

cerrarse para quien la escucha", si ese vínculo entre hablar y oír no es externo, no tanto porque uno se escucha hablar sino porque ese vínculo "se sitúa a nivel del fenómeno mismo del lenguaje" (197), si el significante "arrastra la significación" (198), entonces acordar una escucha es de alguna manera ser obediente. "Obedecer no es otra cosa que tomar la delantera en una audición" (*Seminario 3* 197); sin embargo, aunque Darío sitúa a sus niñas para que le acuerden una escucha, para que le obedezcan, ya veremos los resultados que obtiene, cuando éstas pequeñas histéricas le devuelven su mensaje en forma invertida.

La historia contada es acerca de un rey todopoderoso que está enfermo del corazón, y según un astrólogo que sus súbditos hacen venir desde Bagdad, esa enfermedad es amor: "¡Oh Rey! / te estás muriendo de amor". El amor es enfermedad y además, como la muerte, es igualitario, afecta a todos en la escala social. Es un rey, pues, al que le adviene ahora este mal-estar. Sin embargo, su enfermedad no reside en el hecho que, a pesar de su poder, no logra alcanzar el objeto de sus amores o porque haya sido rechazado en su emprendimiento amoroso. Lo interesante es que este rey está más enfermo de lo que se nos deja suponer: en efecto, no solamente padece de una falta que le resulta insufrible por su estatus real, sino que a la vez sufre del desconocimiento mismo de dicha falta. ¿Cómo podría un rey tener una falta? Otra vez Darío nos enfrenta al Otro tachado. Con todas sus necesidades satisfechas, tal como les ocurre a los reyes, su enfermedad es como un grito dirigido a sus sabios, una demanda de cura que, además, por estar dirigida al sujeto supuesto saber, es una demanda de saber sobre la causa que lo afecta, es decir, por su deseo. En su desamparo—y a pesar de que no escuchamos sus gritos o sus palabras—apela a los sabios de su corte para que acudan, a la manera de una madre omnipotente, a satisfacerlo, a curarlo; pero estos sabios, a pesar de su amor al rey, se encuentran incapacitados de satisfacer esa demanda; y como no pueden imaginar la causa de la enfermedad o la causa de su insatisfacción, también ellos se ven obligados a recurrir a otro sabio, más viejo, es decir, se ven ellos mismos obligados a demandar a otro sujeto supuesto saber. Muy lejos de comportarse como analistas frente a la demanda, los sabios se preocupan por el contrario en cómo satisfacerla, sin darse cuenta de que la demanda del rey va a estar localizada en otra etapa, más allá de lo oral y lo anal. "[L]os sabios de la nación" terminan a su pesar ocupando—aunque transitoriamente—el semblante del analista; sin embargo, a pesar de asumir ese lugar de supuesto saber, no se comportan como analistas. Angustiados por su propia impotencia, su propia falta a nivel del saber, acuden al viejo de Bagdad. Estamos en una especie de cadena de faltas, originadas en la carencia del rey, en la falta en el representante del Otro, que se muestra como incompleto, incapaz de satisfacerse a sí mismo, tal como vimos en el dios de "El Porvenir". La respuesta del viejo sabio pondrá la situación en otro nivel: no se trata de una demanda de cura, dirigida a sus súbitos en general o al menos a su corte de sabios, sino de una falta que ellos no pueden satisfacer porque justamente la enfermedad del rey no tiene que ver con una necesidad. El viejo sabio se percata de que la demanda del rey ha alcanzado la etapa genital y que eso lo está matando. Sin ser tampoco analista, sin vislumbrar el deseo, el sabio—procediendo como un psicólogo— intenta proveer el objeto de la demanda y, obviamente, le ofrece al rey la solución: tiene que buscar una mujer para evitar morir de enfermedad. Pero el objeto del deseo no es necesariamente la mujer como objeto; este error nos anticipa el final de la historia: "el rey se volvió a enfermar".

Eros y Tánatos se convocan aquí en el inicio de este cuento dirigido a una niña. Como ha enseñado Lacan, hay un resto que queda después de la satisfacción de la necesidad y que va incluso más allá de la demanda de amor, en este caso manifestada por la preocupación, por "el inmenso estupor" de sus sabios: se trata, pues, de que el rey es un ser deseante, hay en él una falta que origina un anhelo mucho más difícil de satisfacer. Se trata de una falta que apunta a algo central, esencial, para el sujeto humano y cuya causa, el famoso objeto *a*, desconocido e inconsciente para el sujeto, es—como sabemos a partir de Freud y con Lacan—sexual. ¿Cómo se las arreglará este "gran monarca del Oriente" con su deseo, en una corte sin analistas? No recurrirá a la palabra, sino que se lanzará de lleno a la acción—*acting out*—y allí, siendo hablado por el Otro, buscará lo que no encontrará y encontrará lo que no busca. No será él sino el Otro el que lo dispara hacia la acción: convoca "a todas las hermosas / mujeres de la comarca / que su poderío abarca". Y con ese gesto de apoderamiento de la mujer como objeto, con ese impulso ciego de remediar su situación a nivel instintivo hasta el punto de ni siquiera desear el reconocimiento, ese Otro brutal (¿oriental?) que lo comanda, termina animalizándolo, dejándolo librado, en todo caso, solamente al sexo animal y tal vez a la reproducción. El rey, pues, busca una mujer como "remedio / que cure su enfermedad", es decir, no se interroga sobre su deseo, que podría ser otro, y cuya satisfacción—de ser posible—no necesariamente sería una cura definitiva. Si está enfermo de amor, ¿por qué convocar mujeres? ¿Por qué deben ser hermosas? ¿Por qué no convocar todo tipo de mujeres o incluso hombres? ¿Por qué pensar que la mujer hermosa necesariamente podrá satisfacer incondicionalmente su deseo desconocido y que, de poder hacerlo, cancelaría su enfermedad, es decir, cancelaría la existencia del deseo como tal? Sea como fuere, vemos que el rey va descaminado y eso no se le escapa a nuestro poeta. El afán instrumental y utilitarista del rey, disparado hacia la mujer como mandato compulsivamente heterosexual y animal, lo llevará no obstante a encontrar justamente lo que no busca. El rey cree que el objeto del deseo es una meta que se alcanza y se domina; desconoce que el objeto del deseo es una falta, causa misma del deseo. Por lo tanto, la historia que se nos invita—como a Emelinda—a escuchar, desde el principio, no augura un buen final.

El rey aprenderá, para su sufrimiento, que el deseo es el deseo del Otro; pero también que un deseo más que dirigirse a un objeto, lo curaría—lo humanizaría, en términos de Kojeve—si él deseara ese otro deseo, al menos el deseo de ser reconocido como rey; a pesar de ser rey, "la joven bella", la "linda persa" que elige, lo conquista como rey y lo hace, justamente, escamoteándole al rey sus ojos: "al verle [el rey, ella] baja la vista" y "agitada y ruborosa, / tiembla, llena de temor". Es ese deponer de su mirada, ese temor el que verdaderamente hace rey al rey. Pero aunque el rey se la apropia con ese "Serás mi esposa", no va a apropiarse del deseo de la muchacha. El temor de la muchacha no era temor al rey, sino a ser elegida como esposa, ya que ella amaba al rawí Balzarad. Es por el deseo de Balzarad que el rey llega a ser un sujeto deseante tras enfrentar su castración: aunque el rey "colmó los reales antojos" de la muchacha, él no tiene lo que ella desea y ella no puede darle lo que él desea, porque tampoco lo tiene. Y el final trágico de la historia se debe justamente al hecho de que, puesto en situación de dar lo que no tiene, sin poder dar amor, el rey le regala algo precioso para él: la cabeza del rawí, sede de su guzla preciosa, encantadora, de la que él carece. A su manera, el rey procede como Suzette, la mujer de Recaredo en "La muerte de la Emperatriz de la China". Instaurando así una economía de regalos, la joven se envenena y se ofrece al rey "medio desnuda [...] besando la horrible y yerta / cabeza de Balzarad".[22]

En cierto modo la estrategia del narrador en esta historia para con la niña puede homologarse a la del rawí con la joven persa,

---

[22] La referencia a la historia de Salomé está aquí jugando ciertamente a nivel intertextual.

lo que nos devuelve a la visión de Darío sobre el poeta como víctima de los poderes políticos. Sutilmente puede leerse que en tanto sujeto poético y por su canto que encanta a las mujeres no deja de estar amenazado por un Otro implacable, animalizado (burgués o pueblo bestial sin educación). Cotejado este marco de intercambios poéticos con el que aparece en el largo poema "Alí" (V, 514-538), resulta evidente a dónde apunta el deseo dariano: capturar el deseo del Otro, ser reconocido por él y permanecer en su memoria:

—Guarde la hermosa Zelima

sus joyas y sus joyeles;

no son ésos los laureles

que ambiciona este Rawí;

son de más valor y estima

sus miradas; y mi gloria

que conserve en su memoria

la historia del negro Alí.

El poema se inicia con la demanda de un sujeto que se dirige al rawí, el "de la guzla de oro", para pedirle que le cuente a la hermosa Zelima una historia de amor. No es casual que haya en esta primera estrofa una referencia al eco—posición del narrador omnisciente y del sujeto de la escritura—capaz de recoger "con su dulce resonancia" la historia, confiada al "viento murmurador", es decir, al significante y a la máquina rítmica. Zelima interrumpirá a su vez la amarga historia de amor y, entre los llantos provocados por la historia, hará escuchar su voz para rogarle al rawí que prosiga. El narrador omnisciente—en tanto yo poético—que monta esta escena en la cual él puede, como Zelima, dirigirse al rawí, es también el que controla la secuencia narrativa, pero es el sujeto de la escritura el que organiza el poema como una escena fantasmática al estilo de las cajas chinas: nuevamente fuera y dentro de la historia, este sujeto, como el sujeto del fantasma, dosificará su acceso al goce. Si por una parte este supra-narrador se identifica con el rawí (en tanto organiza la escritura y la historia, al punto que la interrumpe con puntos en varias ocasiones), por otra parte se identifica con Zelima al demandar una historia de amor. A diferencia de "La cabeza del rawí", este poema sobre el negro Alí no deja de situarse en la dimensión de la escritura y, por ende, de la lectura más que de la declamación: este poema es, como "La cabeza del rawí", para escuchar, pero también para leer: Lacan plantea en el *Seminario 20* que si "algo puede introducirnos en la dimensión de lo escrito como tal, es el percatarnos de que el significado no tiene nada que ver con los oídos, sino sólo con la lectura, la lectura de lo que uno escucha de significante" (45). En "Alí" hay un sujeto de la escritura que organiza la escena y la pauta; que se reserva partes de la historia, que calla, que oculta. Como "lo escrito no es para ser comprendido" (*Seminario 20* 46), como lectores corremos el riesgo de quedar capturados—como Zelima—por la historia y descuidar la forma en que el significante "se inyecta en el significado" (*Seminario 20* 46). Hay algo, pues, que no puede escribirse—de ahí el recurso a los puntos para indicar que algo escapa al significante—y sin duda, como lo quiere Lacan, es "la relación sexual [la que] no puede escribirse" (*Seminario 20* 46). Si las historias de amor oriental es lo que les gusta a las mujeres, es porque "el amor apunta al ser, o sea, a lo que en el lenguaje es más esquivo: el ser que, por poco, iba a ser, o el ser que, por ser, justamente, sorprende" (*Seminario 20* 53). No hay duda que porque "lo que suple la relación sexual es precisamente el amor" (*Seminario 20* 59), es por lo cual hay que dejarse impactar por el eco que el viento murmura, que apunta a su vez a un goce más allá de lo fálico y que, como bien lo dice Lacan para San Juan de la Cruz, el macho "puede colocarse también del lado del no-todo. Hay allí hombres que están tan bien como las mujeres" (*Seminario 20* 92), tal como lo hacen nuestro sujeto poético y el Dr. Jerónimo Ramírez. Tampoco debería sorprender que en "Alí" Darío recurra a la "articulación ternaria" (*Seminario 20* 63), de su poema, donde a nivel del amor siempre hay tres: sujeto de la escritura o supra-narrador/ rawí / Zelina, a nivel del discurso narrativo, y el negro Alí / la mora / padre de Zela, a nivel de la historia.

Este poema dariano es una lista de estampas orientalistas. Zela, la protagonista, es la "mora celestial", de belleza cautivante, de una blancura de nieve que afrenta a la de los jazmines. Alí, por su parte, es el "etíope bello; / negro, hermoso, alto y fornido", de ojos brillantes, "feroz como una pantera", "altivo, fuerte y señor" frente a los beduinos, sus enemigos y "tierno como una paloma", manso ante los ojos de Zela, "esclavo de su mirada". Como vemos, ha cambiado la percepción de la negritud desde "El Porvenir". Este binarismo opositivo (mujer/hombre, blanco/negro, amo /esclavo) va a resolverse en el amor, pero ese amor va a estar interferido por el celosísimo padre de Zela. El tópico de la óptica amorosa inaugura la atracción de Zela "desde que vió al negro Alí" y ella "siente…, muchas cosas siente / que no las puede explicar". Obsérvense los puntos suspensivos para indicar sutilmente la impotencia del significante. El padre de Zela es "rico, orgulloso y temible", y por eso mismo no vigila las andanzas nocturnas de su hija con el Alí, ya que nadie osaría desafiar su honor. Zela es "su mayor bien", una posesión que supera a todas sus riquezas, incluidos los millares de esclavos. Una vez enterado el padre de estos amores, los desafíos masculinos se instalan para promover la tragedia. Zela deviene, pues, el objeto en disputa en esta lucha por puro prestigio. Los amantes planean la huida por el desierto y aquí es donde emerge el caballo, el corcel negro de Alí, que parece volar, y luego el del padre de Zela, como representante de los poderes y deseos masculinos puestos en juego. El viejo padre, furioso y blandiendo un puñal, "corre, a su hija llama, y grita / con amargura infinita / y rabia con ansia fiera, / como una herida pantera / que entre los bosques se irrita". "Me han robado mi amor", exclama el viejo Bajá. Le han robado su falta, razón de más para que grite y salga disparado sobre su caballo, enloquecido, a recuperarla.

Las descripciones de lugares y personajes son lugares comunes del discurso orientalista: desiertos ardientes, elefantes y camellos, caballos velocísimos, pasiones incontrolables a las que ninguna ley parece obstaculizar. Mientras el padre se desespera, Zela cabalga feliz con su negro enamorado. Ambos "se deleitan, se confunden, / y una misma alma se infunden / con el aroma de un beso". Es el momento del ser Uno del amor que impone la primera interrupción escrituraria con puntos suspensivos como presencia silenciosa del Otro y de la "decencia burguesa" que éste impone, pero también de lo imposible de escribir en los límites, en la dimensión del significante.

Pasamos a la escena en que el viejo padre ha alcanzado a los amantes y, habiéndose caído del caballo, levanta la mano para proferir su maldición: "¡Maldito sea el raptor! / ¡La hija pérfida, maldita!", antes de morir. Es como si estuviéramos ante un híbrido del *Otelo* shakespeariano (1603) y *Don Álvaro o la fuerza del sino* (1835), del Duque de Rivas. La maldición paterna y la muerte del viejo y de su caballo serán causas suficientes para que el amor deje de ostentar sus esplendores y delicias. El padre, incluso este viejo Bajá que se reservaba a su hija para sí—como bien nos ha enseñado el psicoanálisis—tiene más poder de muerto que de vivo. Zela, nuevamente, se enfrenta a un sentimiento que casi no logra nombrar: "Alí, no sé lo que siento"; se trata de un "agudo remordimiento" que, atribuido a la maldición paterna, despierta la ira divina y comienza a 'taladrar' el pecho de los amantes. El verbo 'taladrar' se refiere tanto a la voz del padre muerto, como a la voz del Otro, que ya conocemos como superyó. El *Diccionario de la Real Academia* lo define justamente como un sonido agudo que hiere los oídos fuerte y desagradablemente, y como equivalente de penetrar, percibir o alcanzar con el discurso una materia oscura y dudosa. Zela implora a Alá y Alí subraya: "Estaba escrito". En este escenario de muerte y culpa, entre lo real y lo escrito, los amantes, no obstante, se estremecen de ardor y cuando Zela, "iba en transportes divinos / a soñar...", aparecen nuevamente los puntos suspensivos. La interrupción ahora es el grito de los siervos que viene desde afuera a romper esa intimidad gozosa, para anunciar la llegada de los beduinos. A la guerra de amor interrumpida, sigue la guerra con el enemigo que termina poniendo prisionero y esclavizando a Alí, y enviando a Zela al harén del sultán. Los beduinos destruyen el campamento de Alí y se marchan. Hay un corte marcado por puntos, que oficia como un límite entre lo dicho y el silencio, y que abre a la expectativa de la continuación de la historia.

En efecto, este final no parece conformar a Zelima, que le suplica al rawí que prosiga. El llanto de la muchacha se une al son del instrumento y el yo poético retoma la narración. Alí perdió su bien, como antes había ocurrido con el padre de Zela: la típica idea del "ojo por ojo" se satisface con su suerte. Mientras tanto, el Sultán ha elegido a la infeliz Zela como su favorita. En una fiesta detalladamente descrita, desfilan nuevamente los detalles orientalistas: perfumes, perlas, flores, joyas. El Sultán, ya en intimidad, procede amorosamente a desnudarla, "Pero al llevar hacia sí / su tesoro", Zela grita "¡Alí!", quien justamente está escondido en la sala, flaco, desgreñado, con una daga en la mano.

Alí, que lo ha perdido todo, se dirige al Sultán para reactivar el desafío masculino pero ahora en la certeza de que ya el objeto está perdido para siempre, de antemano; se trata de una lucha a muerte en la que ya no importa ni ser amo ni esclavo, a lo sumo ser amo de su propia autodestrucción y la de su objeto de deseo. Es el pasaje al acto en la que solo importa *Das Ding*. Su dama ya no le pertenece; ella y él ya no pertenecen al mismo mundo: "Ahora, ella alta, yo vil; / imagínate un reptil / que habla de amor a una estrella… / Hay un monstruo y una bella…". Los puntos suspensivos hablan de su impotencia frente al nuevo amo de Zela. Zela es ahora un ángel que no le pertenece, inalcanzable, pero tampoco puede dejarla en brazos del Sultán. Entonces lo apuñala y se condena definitivamente: "cierra la puerta, este día, / del paraíso Mahoma". Apuñala también a Zela, quien pronuncia al morir el nombre de Alí, mientras éste le besa "la boca yerta". Finalmente se suicida, dando cumplimiento así a la maldición paterna.

Del significante, del fantasma y del programa modernista

En este rápido recorrido que hemos intentado por la poesía de Rubén Darío, tomando como punto de clivaje el significante "Oriente", hemos podido apreciar al menos dos cosas: por un lado, el Oriente como una falta es la verdad de su deseo y su poesía, en tanto deseo articulado a esa falta, puede ser leída—como hemos esbozado—como una metonimia de esa falta. Por otro lado, al atravesar la selva de fantasmas orientalistas, hemos ido acercándonos a ese momento en que el sujeto poético se enfrenta a la inconsistencia del Otro como tal que no puede dar cuenta de un real imposible de significar; hay algo que desborda a ese Otro, algo que se le escapa, pero que solamente gracias a ese Otro mismo el sujeto es capaz de entrever. Se trata de una falta en el Otro, que Lacan escribe como $S(\slashed{A})$, es un Otro "afectado por una falta esencial a nivel del decir" (Miller, *Sutilezas* 237). El punto culminante de la poética dariana es, sin duda, ese momento en que el sujeto quiere ser amado por el Otro, pero no de cualquier manera, sino apuntando justamente a eso mismo que al Otro se le escapa: el significante, sin duda, se erotiza en esta demanda de amor, pero el deseo emerge orientado hacia ese resto que va más allá del sentido y de la verdad, ese "murmullo" del significante que desborda la significación y que hasta renuncia a la significación: "Ámame *en chino*". Ya no estamos en el significante tal como lo entiende la lingüística, sino más allá de ella o bien en otra dimensión. Esto inarticulable en la palabra es lo que abre la posibilidad de una escritura que reconocemos como "modernista". El análisis de Noé Jitrik es tal vez el primer intento de abordar la materialidad del significante en la poética modernista—maquinal— como sonoridad, capaz de producir sentido pero más valiosa como sonoridad y, paradojalmente, como quisiéramos sostener aquí, como silencio. Sin duda es más "espectacular" leer la escritura de algunos textos vanguardistas, al menos después de Mallarmé, en Joyce, en el *Trilce* vallejiano, en los caligramas. Pero leer la escritura en Darío, casi camuflada por la métrica, tal como lo intenta Jitrik, resulta mucho más dificultoso. No es casual que gran parte de la crítica dariana quedara justamente atrapada por las imágenes y el significado, es decir, por lo legible, por el significante como unido al significado y como signo de un referente. Es que no estamos aquí pensando en el significante ni en tanto "imagen acústica" ni como fonema; como lo plantea Lacan, "al significante, de ninguna manera puede limitársele a este soporte fonemático" (*Seminario 20* 27). Ya Lacan no piensa en el significante del *Curso de lingüística general*, sino en los anagramas saussurianos. En esta línea, y refiriéndose a $S(\cancel{A})$, Miller nos dice:

> ¿Cómo llamar a lo que designa este símbolo? ¿Un momento, un lugar, un punto donde el Otro deja de existir—el Otro como lugar del lenguaje, de la palabra, de la verdad, del discurso—, donde no hay nada más que decir y donde sin embargo en esa nada (A tachado) brilla esa S que podríamos tomar como la inicial de silencio y que es el significante de la desaparición del Otro, el significante que queda de este Apocalipsis del lenguaje, cuando no hay nada más para decir? (*Sutilezas* 238)

La lectura de Jitrik quiere abordar la poesía dariana tratando de captar la escritura, su trabajo en esa dimensión silenciosa, en ese *programa* que la caracteriza, en la que si hay lugar para un lapsus, como dice Lacan, también puede haber lugar para recurrencias significantes que casi anagramáticamente postulan un significante silencioso y disperso a la manera de una red, cuyo cálculo de frecuencias todavía queda por descifrar, pero que Jitrik acerca sin duda de una manera más puntual a eso que muchos han mencionado sin demostrar, salvo por citas filosóficas: la consistencia pitagórica de la escritura de Rubén Darío. El abordaje jitrikiano es lo más cercano a la idea de una escritura casi matematizada, como Lacan la buscaba para el psicoanálisis. "Más allá del lenguaje—dice Lacan—este efecto, que se produce por tener su soporte sólo en la escritura, es ciertamente el ideal de las matemáticas" (*Seminario 20* 58). Si, como plantea Jacques-Alain Miller, "[l]a gran trayectoria del deseo, según Lacan, termina en A tachado" (*Sutilezas* 239), es justamente en ese agujero del Otro donde Lacan ubica el goce (*jouissance*) y también el superyó que le obliga al sujeto a gozar (*Jouiss!*), a lo que el sujeto solo responde con un "oigo" (*J'ouis!*). Jitrik, con los medios a su disposición, pareciera indicar ese camino de la escritura modernista en la que el sujeto poético del fantasma textual ($\$ \Diamond a$) se enfrenta a lo inarticulable $S(\mathcal{A})$; si el Otro tachado lo podemos captar a nivel de la palabra donde hay, para Lacan—como lo plantea Miller—"*fading* del sujeto", nos queda la S que "es ya el índice de la promesa que Lacan verá más tarde en el recurso a la escritura" (Miller, *Sutilezas* 238), al silencio de la escritura. Ese "Ámame en chino" podemos acercarlo así a la última enseñanza lacaniana, cuando en el *Seminario 20* Lacan sostiene que "la realidad se aborda con los aparatos del goce" (*Seminario 20* 69) y que "no hay otro [aparato del goce] que el lenguaje" (*Seminario 20* 69). Es por esta vía que Lacan retoma la cuestión del significante—de lo que designa como "mi significante" en el *Seminario 20* (32)—para hablar de ese "gozar de un cuerpo, de un cuerpo que simboliza al Otro, y que acaso consta de algo que permite establecer otra forma de sustancia, la sustancia gozante" (32). A los efectos de nuestro estudio, propongo también pensar a ese Otro no solamente como el lenguaje en tanto tal, sino a la relación del sujeto poético dariano con el Oriente y hasta con el discurso orientalista, tal como lo entiende Said. Darío hace, pues, de ese Oriente y del orientalismo, un goce, una sustancia gozante. Oriente, pues, es esa falta que dispara el deseo y que a la vez hay que gozar "corporizándolo de manera significante" (Lacan, *Seminario 20* 32). Pues incluso en el matiz sádico que Lacan lee en la frase "gozar el cuerpo del otro" (y que Said puntualiza en su famoso libro), no debería escapársenos la idea de que, finalmente, "es el Otro quien goza" (*Seminario 20* 33).

La poética dariana toma así su dimensión política mayor frente al capitalismo, ya que no se orienta hacia el usufructo y la utilidad, sino que toda ella está atravesada por el goce—"[e] goce es lo que no sirve para nada" dice Lacan en el *Seminario 20* (11)—y devela al lenguaje precisamente como un aparato del goce, goce de lo que resiste al significante, de lo que "hay bajo el hábito y que llamamos cuerpo" (Lacan, *Seminario 20* 14). Como veremos a continuación, el cuento "La Miss" va a ponernos en ese límite del lenguaje (exclamación, onomatopeya) que, viniendo de una mujer, abre una dimensión de un goce ya no fálico, sino "el goce del Otro, del cuerpo del Otro, [que] sólo promueve la infinitud" (Lacan, *Seminario 20* 15). Como veremos, Miss Mary, la protagonista, va a permitirle no al narrador, sino al sujeto de la escritura, percatarse de la existencia de un goce ya no fálico, de un "goce que se siente y del que nada se sabe" (Lacan, *Seminario 20* 93), y que indudablemente es lo que atraviesa completamente la poesía dariana. Por esta vía es quizá por donde se podría abordar críticamente con mejores instrumentos conceptuales esa 'falibilidad de la poesía' modernista a la que se refería Rivera-Rodas.

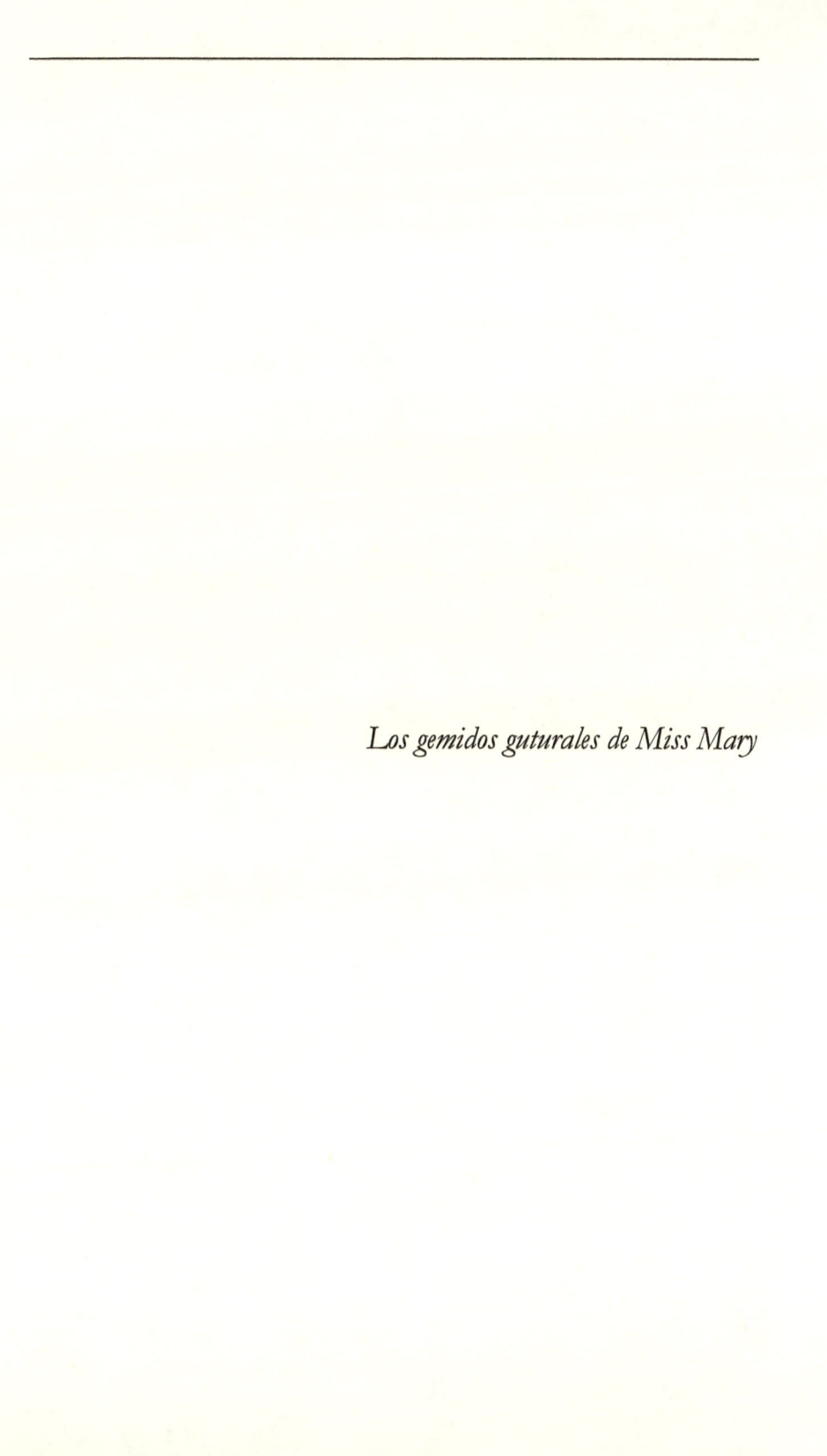

Los gemidos guturales de Miss Mary

En las páginas que siguen, me propongo abordar una pieza narrativa de Darío[23] que nos permita enfocarnos en su modo de plantear lo oriental. Se trata de un texto no demasiado mencionado en los estudios críticos sobre su obra y que, en su humor, nos invita a considerarlo como un juguete modernista en cuyo mecanismo podremos discernir las imágenes orientalistas y orientalizantes en las que el autor explora el objeto *a* del Otro cultural. Se trata de "La Miss", el relato sobre una británica rubia y de ojos azules, llamada Miss Mary (como en la película de María Luisa Bemberg [1986]) que viene a América Latina, más precisamente a Brasil, "supuestamente" de duelo a la "casa de un señor, su tío, pastor protestante" (275). Como vemos, no se trata de ninguna dama exótica de China o de Japón, como aparecen en su poesía, en sus ensayos y en muchos de sus relatos.[24] Sin embargo, "La Miss" nos dejará apreciar la forma en que Darío va a invertir su apreciación por la otredad, por medio de la "orientalización" de lo europeo. Por la fecha, "La Miss" nos permite ver que Darío había tempranamente iniciado ese proceso de "inversión de la oposición binaria civilización/barbarie, tesis perenne dentro del contexto hispanoamericano, porque el Occidente es ahora presentado como barbarie, y China, civilización [y por lo tanto desde temprano] Darío tiene una clara conciencia de la distinción entre el orientalismo como representación discursiva por excelencia del poder colonial y una versión del orientalismo que busca la diversidad e igualdad y que explora la posibilidad de la propia identidad en el otro" (Dai 242).

[23] La numeración de página corresponde a la edición de Ernesto Mejía Sánchez de los *Cuentos Completos*.

[24] Para un detalle de los relatos con personajes o temas orientales, ver el ensayo de Y. Dai.

Darío, en primera persona, descubre a 'la Miss' cuando, estando en la cubierta del barco y ya acercándose a las costas de África, escucha un gemido gutural de la inglesa: "¡Ohoou!". Siguiendo la dirección de su mirada, Darío comprende "la causa de sus extrañas agitaciones" (272). En efecto, Miss Mary se agita al ver un lanchón con "seis negrillos...completamente desnudos, moviéndose, gesteando como micos" (272), que con "palabras en inglés, en español, en portugués" estiran sus brazos hacia los pasajeros pidiendo dinero. Entre ellos, había uno "casi en la pubertad, un verdadero macaco [que] era el que más llamaba la atención por sus contorsiones y gritos delante de mi amiga la espantada miss" (272). Darío se siente acongojado por el espectáculo que provoca esos gemidos de la inglesa, quien, a su vez ella misma como espectáculo, le hace evocar las palabras de Hamlet a Ofelia: "*Get thee to a nunnery*". El relato ahora pasa a ser el monólogo interior del narrador quien, dirigiéndose a la inglesa— como Hamlet con Ofelia—y en segunda persona, reflexiona sobre el pudor, amonestando a la sajona desde una posición de superioridad masculina que autoriza su admonición: "No es el santo, el divino pudor ese tuyo, tan quisquilloso" (273). Según Darío, "el pudor tiembla en silencio, o protesta con las rosas de las castas mejillas" y el significante "rosas" dispara su máquina discursiva[25]—en una intertextualidad casi irreverente—hacia la comparación con la Virgen María: el pudor, nos dice,

---

[25] Con el término "máquina" hago referencia otra vez al estudio de Noé Jitrik sobre *Las contradicciones del modernismo*. En su estudio, Jitrik coteja la máquina semiótica y poética del modernismo, cuya productividad está basada en la sonoridad, con la máquina fabril de la modernidad, para sostener que tanto la ideología burguesa rechazada por los poetas modernistas y su propia estética modernista, en definitiva están atravesadas por los mismos dualismos tradicionales ("carne y espíritu, forma y contenido, voz y silencio, sonoridad y escritura, esencia y trabajo"

"Jamás ha pronunciado la palabra *shocking*. En sus manos lleva al altar de la Virtud blancos lirios, gemelos de aquellos que llevó Gabriel el Arcángel a la inmaculada esposa del viejo carpintero José, cuando la saludó: — "Llena eres de gracia". (273)

La tesis del narrador es que "las almas pudorosas no sienten ofensa alguna delante de las obras naturales y a la vista de la desnudez inocente" (273). Dicha desnudez pone en movimiento su máquina erudita invasiva—como la que menciona Said (74)—hacia el significante Eva, quien "advirtió la vergüenza de su cuerpo... después de haber escuchado a Lucifer" (273). Esto le da pie para dirigirse a su interlocutora imaginaria con cierto tono acusador y de reproche: "Esos escrúpulos tuyos, señorita de Inglaterra, hacen pensar en que miras el misterio del mundo a través de los cristales del pecado" (273). Si Oriente, según Said, "parecía ofender el decoro sexual" europeo (231) con su amenazante "peligro sexual" (231), es ahora la mujer europea a la que Darío coloca en ese lugar. Además de ver en Miss Mary, la europea, un emergente del malestar en la cultura europea, Darío no deja sin embargo de insinuar hasta qué punto esta sajona era a la vez víctima de su propio mundo, en la medida en que, como dice Said, Europa—en su gesto de limpieza del goce—expulsaba hacia sus colonias a los hijos rebeldes, "a la población excedente de delincuentes, a los pobres y a otros indeseables" (259). La treta del débil dariana parece invertir la estrategia orientalista, en tanto no son los negros africanos los que en su inocente desnudez amenazan el decoro, sino el goce de Miss Mary, supuestamente emblema de lo civilizado. Incapaz de amonestarla directamente, frente a frente, Darío—gracias a ese desplazamiento imaginario—puede captar la mancha del cuadro.

[79]).

Esa mancha pecaminosa en la mirada del otro, de la inglesa, es, a los ojos del narrador, lo que explica los gemidos temblorosos y guturales de la inglesa, pero queda sin darse cuenta de hasta qué punto es esa mancha la que lo mira a él o desde donde él es mirado, aunque el narrador no deja de conceder que "Preciso es también que el espectáculo que contemplan los ojos tengan en sí germen de culpa o fondo de maldad" (273). Solo ese "charco de culpa en la mirada"—como diría César Vallejo—puede contaminar con su inmundicia "la armoniosa y soberana desnudez de la Venus de Milo" (273). El narrador nos recuerda que San Buenaventura no recomendó la lectura de los poetas paganos para "emponzoñar de concupiscencia las almas" (273) y, a renglón seguido, procede a criticar indirectamente a la Iglesia católica cuando se pregunta: "¿Quién se atreve a colocar la hoja de parra a los querubines de los cuadros o a los niños dioses de los nacimientos" (273-4). En este viaje desde el mundo civilizado a su periferia—que también es la suya—Darío advierte cómo las imágenes judeo-cristianas y europeas operan por cubrimiento del objeto, al punto que Miss Mary se le presenta como alguien capaz de encubrir e invertir casi completamente el sentido religioso de María y, no sin irreverencia, apunta a lo que está en juego en el misterio de la concepción, a saber, el falo. Este proyectar y deambular por los espejos, desde la onomatopeya a los negros desnudos y la mirada de Miss Mary, disparan su máquina literaria hacia la Virgen María, a Eva, a la Venus de Milo, a San Buenaventura y finalmente a la Madre Iglesia como el gran Otro, obstinada en cubrir lo natural con ropajes absurdos, con lo cual termina incentivando aquello que justamente quiere reprimir: el deseo por ver lo oculto. Como lo plantea Lacan en el *Seminario 20*, refiriéndose al efecto del cristianismo, particularmente en arte, "todo es exhibición de cuerpos que evocan el goce… todo menos la copulación" (137-8).

El autor/narrador sigue con las comparaciones y la que más nos interesa aquí es la que, dirigiéndose a la inglesa—pero sin duda también al lector prejuicioso—afirma que "Ester y Ruth han visto, como tú, coros de niños desnudos, seguramente no tan negros ni tan feos como estos africanitos, y no han gritado, linda rubia: "¡Ohouu!" (274). Pasa inmediatamente a sugerirle a la inglesa que se apresure a dar su limosna a "esos pobres simios" (274) y, para sorpresa del lector, Darío menciona un detalle que parece molestarlo desde "ayer por la tarde": "y deja de leer ese libro de Catulle Mendès, que he visto en tus manos ayer por la tarde…" (274).

Tres pasajeros, incluidos la inglesa y Darío, bajan del barco en tierra africana, recorren el pueblo y Darío dice no haber vuelto a escuchar la "onomatopeya conocida" (274). Recién a esta altura del relato, Darío nos da una descripción de Miss Mary, con sus "inocencias de novicia y ocurrencias de colegiala" (274); recién salida de un colegio de religiosas y a causa de un duelo, la inglesa también le cuenta "una rara historia de noviazgo" que parece despertar cierta sospecha ambigua en el narrador: "¿por qué tanta franqueza en tan poco tiempo de amistad?" (274). Capturado por la "femenil atracción en la miss" (275), tal vez más que por la miss en sí misma, pasarán ambos el resto del viaje hasta Río de Janeiro recitándose "versos arrulladores y musicales, de enamorados poetas favoritos" (275). El día del adiós en Río llega y Darío dice ahora despedirse de "la hechicera y cándida Mary"—reveladora antítesis—que se aleja en un vaporcito hacia la costa. Pero para sorpresa del narrador, un viejo inglés—paisano de Miss Mary, también pasajero—ruge agradeciendo a Dios que haya dejado el barco "esa plaga" (275), esa calamidad que—no sin cierta relación con el orientalismo y tal como lo quiere el diccionario—refiere a la aparición repentina de seres vivos de la misma especie que causan graves daños a las poblaciones. Miss Mary es víctima del colonialismo interno europeo y como lo ha visto Michel Foucault,[26] como es usual desde Edipo y la civilización griega que le dio lugar, o como lo veríamos en la cultura hispana desde el Cid, el manchado pero sobre todo la impura, como las brujas tal como lo plantea Silvia Federici,[27] deben ser excluidos de la polis por exilio o por muerte.

Al pedir aclaración de semejante acusación, el viejo responde:

---

[26] Foucault, en su aproximación al *Edipo* de Sófocles, señala cómo "[q]uien es impuro amenaza con su impureza a todos los que lo rodean. Es un peligro para la familia, para la ciudad, para las riquezas de ésta" y por eso hay que excluirlo del "espacio social" (209).

[27] Federici, en su investigación, ensaya "una crítica a la teoría del cuerpo de Michel Foucault" en tanto "el análisis de Foucault sobre las técnicas de poder y las disciplinas a las que el cuerpo se ha sujetado ignora el proceso de reproducción, funde las historias femenina y masculina en un todo indiferenciado y se desinteresa por el "disciplinamiento" de las mujeres, hasta el punto que nunca menciona uno de los ataques más monstruosos contra el cuerpo que haya sido perpetrado en la era moderna: la caza de brujas" (17). Aunque éste no sea el espacio apropiado para polemizar sobre estas críticas a Foucault, al menos conviene hacerle alguna justicia al autor francés. Federici parece basarse únicamente en los libros publicados, ya que no menciona ninguno de los cursos de Foucault publicados, algunos con posterioridad a su *Calibán y la bruja*, que es del 2004. Sin embargo, en *Los anormales* (1999), Foucault dedica la clase del 26 de febrero de 1975 a las brujas y la posesión (187-213). Más tarde, en su curso *Del gobierno de los vivos*, publicado en 2012, se refiere explícitamente a la cacería de brujas y remarca cómo la persecución de éstas estuvo enfocada en su práctica de aborteras: "se trataba de suprimir los frenos a la demografía para poder suministrar al capital la mano de obra que necesitaba en sus fábricas decimonónicas" (29). Foucault subraya aquí precisamente el argumento con el que Federici pretende atacarlo.

—Pues no ha sabido usted—repuso—que desde el capitán abajo, durante toda la travesía...

Y Darío no lo deja concluir. Solo atina a una frase que aparece en estilo indirecto libre: "¡Mi dulce Ofelia!", con lo cual Hamlet-Darío no puede más que elaborar su asombro recurriendo a "la onomatopeya gutural de su pudor inglés ante los desnudos negritos africanos: "—¡Ohoou!" (275).

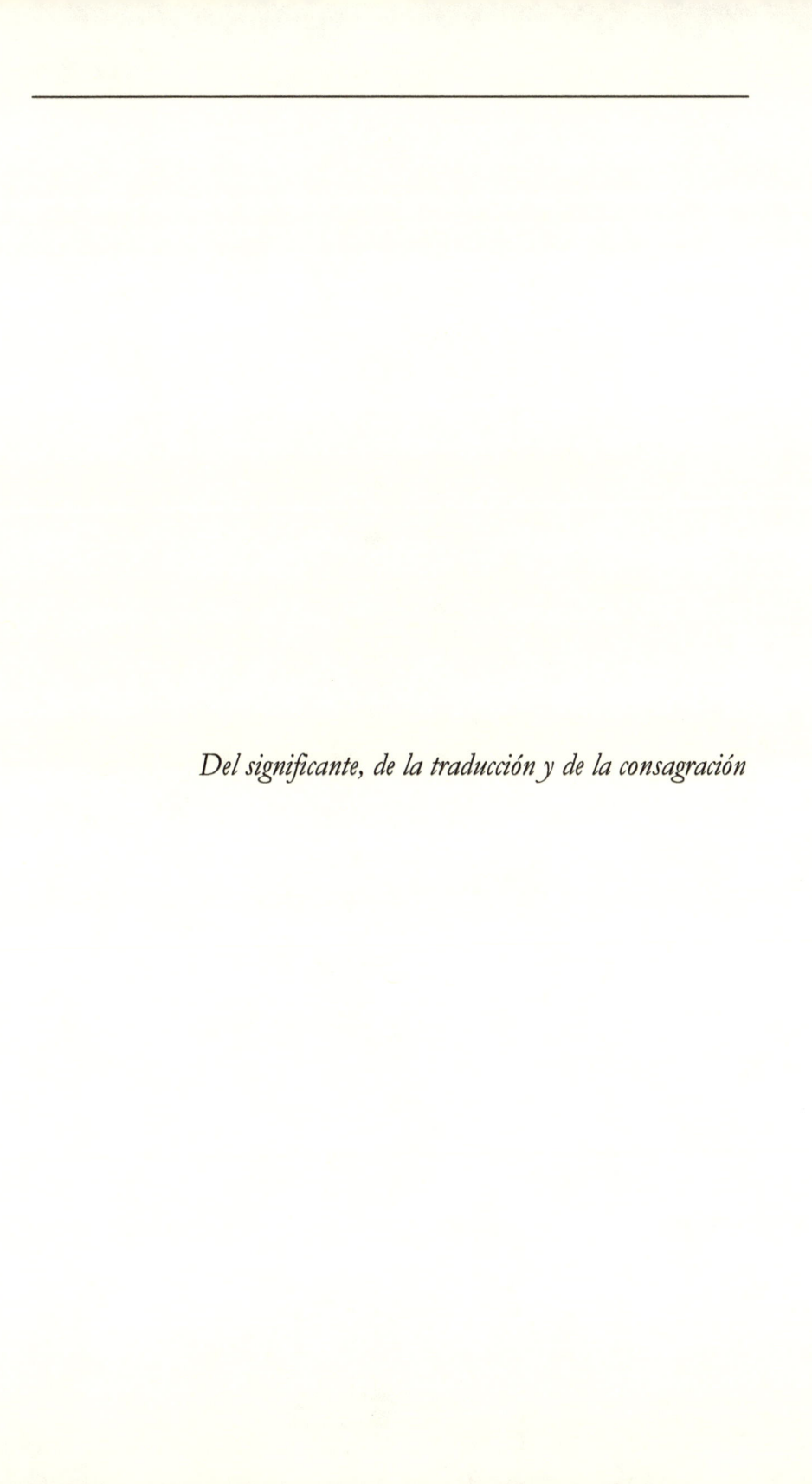

Del significante, de la traducción y de la consagración

"La Miss" es un cuento plagado de espejos para el narrador y tendremos que ir explorando cada uno de ellos para construir la serie metonímica del deseo dariano y su relación con el objeto y las imágenes. La ambigüedad del texto entre autor y narrador hace al relato más provocativo, en la medida en que hace perder de vista al lector sobre las tretas de la escritura para abordar el semblante del goce del Otro. Escrito a partir del viaje que Darío realizaba de Francia a la Argentina, con escalas en las costas africanas y en Río de Janeiro, "La Miss" apareció en *La Quincena*, en Buenos Aires, en 1893 y fue luego recogido en *Escritos inéditos*, por E.K. Mapes. Ernesto Mejía Sánchez, en nota a dicho relato en su edición de *Cuentos completos*, nos advierte que Darío hace en este cuento—como en otros escritos de ese momento—citas directas de Shakespeare en inglés. "El conocimiento de Shakespeare—nos dice Mejía Sánchez—que alcanzó Darío en sus primeros años a través de las traducciones de José Arnaldo Márquez y Menéndez Pelayo, llega por esta época a los textos originales, a juzgar por sus citas, todas en inglés" (273, nota 2).

Varios aspectos me parecen subrayables aquí y todos competen a la dimensión del significante y del objeto. En primer lugar, el hecho de que el título, "La Miss", reúne significantes de dos lenguas, en donde el artículo definido, como significante, universaliza la palabra inglesa, pero a la vez se la apropia. Si Darío leyera hoy el *Seminario 20* de Lacan, creo que estaría de acuerdo en tachar el LA, para referirse al no-toda, es decir, para referirse a ese goce éxtimo, "suplementario de la función fálica" (89), que hace inconsistente al Otro, que lo hace no-todo y que, en cierto modo, es el objetivo de su escritura. Nuestra lectura va a intentar seguir estas coordenadas.

En segundo lugar, el significante también nos conduce al tema de la traducción y de la lectura. El título reclama un lector con competencia en la cultura inglesa, no sólo por la palabra "miss", sino también por las referencias a *Hamlet*. Darío regresa a América Latina en posesión de la cultura europea auténtica. En este sentido, sus lecturas—al menos las de Shakespeare—antes de ir a Europa, eran en traducción y, nuevamente, la traducción puede plantearse aquí como un ropaje degradado respecto del objeto-texto original. La traducción puede ser leída como una etapa a superar en el itinerario consagratorio del intelectual modernista latinoamericano: al viaje (metonímico) hacia Europa imbuido de una cultura europea leída en traducción, corresponde ahora un viaje de regreso a América, en el que se ha producido la sustitución metafórica: Darío ya está en posesión del significante original, del texto-objeto original, en la ilusión de haber alcanzado el objeto auténtico.[28] Sin embargo, es posible adivinar un resto en esta operación, ya que lo perdido en la traducción se transforma en una especie de plusvalía que, en la 'repetición' del texto original conquista una diferencia capaz de convertirse en una potencia contra el Otro europeo. En efecto, regresar de Europa, poder abordarlo en su propia lengua, autoriza a escribir sobre el goce del Otro, mostrando precisamente el malestar en la cultura hegemónica. Los desplazamientos transatlánticos están al servicio de estos intercambios ilusorios entre la periferia refleja y el centro auténtico y consagratorio, pero si en un momento le producen júbilo, como al niño del estadio del espejo, esa euforia no deja de devaluarse cuando se percibe al Otro

---

[28] No se ha estudiado con detenimiento el tema de la traducción en Darío y sus múltiples funciones. En muchos de sus artículos, como en *Los raros*, por ejemplo, traduce textos de diverso tipo para un lector que supone no domina la otra lengua. Se pone, pues, en posición de intermediario pero, apelando a una treta del débil, también se consagra como capaz de leer el original y manipularlo a su antojo al pasarlo al castellano.

desde una lectura anamórfica. Y el relato "La Miss", como intentamos demostrar aquí, pone en juego itinerarios diferentes movilizados por expectativas aparentemente diversas.

Darío regresa a la tierra de origen con el significante/sello auténtico de la cultura original europea, como quien dice, con una cultura de primera mano. Como hombre y como intelectual, se arroga el derecho de amonestar el supuesto pudor de la dama, para lo cual convoca a discreción la tradición literaria judeo-cristiana y europea. Miss Mary hace de la onomatopeya un significante que da cuenta del objeto en toda la dimensión corporal, como sustancia gozante; ella viene a la periferia a buscar algo—tal vez promovido (como parece imaginarlo el narrador) por la lectura de Catulle Mendès o por las hojas que cubren los genitales masculinos en las representaciones cristianas—que parece no haber encontrado o no haber podido conseguir en su lugar de origen. Además le menciona al narrador que su viaje fue motivado por un duelo, por una falta, por una pérdida.[29] América Latina, como el Oriente, aparece desde entonces, tal como lo expresa Said, como "un lugar donde se podía buscar una experiencia sexual que resultaba inaccesible en Europa" (259); es el espacio en el que podría el deseo acceder a su objeto, satisfacer su falta. Sin embargo, la escritura de Darío va aún más lejos: ya no se trata de hombres europeos que buscan esas experiencias en Oriente, sino una mujer y, como veremos, por ese mismo brillo fálico que ella posee, promueve en el narrador la asociación con Hamlet: no olvidemos que Ofelia, como nos dice Lacan, es *O phallos* ("Desire…" 20).

---

[29] Como mencionamos al principio de este ensayo, la cuestión del duelo en tanto pérdida de un objeto, permite al narrador (y sin duda al mismo Darío) admitir, tal como lo planteaba Lacan en el *Seminario X*, que él era la falta del Otro (*"Yo era su falta"* [155]), es decir, el sujeto latinoamericano era la falta del Otro europeo.

En tercer lugar, el título del relato hace constelación semántica con otros términos de la lengua inglesa que vale la pena recorrer: "la Miss" remite a "la señorita", en este relato concretamente a Miss Mary, que—si le creemos, como hace el narrador, al viejo inglés—no lo es, salvo desde la perspectiva civil. Su nombre dispara a su vez, como hemos visto, connotaciones religiosas que, finalmente y para sorpresa del narrador, no le calzan al objeto. La imagen de la inglesa, que se devela al final como parte de la mascarada femenina, no tiene la misma relación de dependencia que la traducción de Shakespeare respecto de su texto original; el narrador—y ése es el chiste sobre el que se construye este relato—ha caído en la trampa de sus propios estereotipos literarios y culturales: la mujer rubia, de ojos azules, blanca, europea, soltera o virginal, pudorosa, de educación religiosa, heterosexual, con nombre de resonancias marianas, lo inducen a otorgar a la onomatopeya un sentido de pudor ofendido que disparan su máquina literaria—que lo hace hablar—y lo dejan temporariamente ciego sobre ese rasgo que no parece calzar con el estereotipo: la sajona está mirando a los negros desnudos y leyendo el libro de Catulle Mendès, que Darío, en un artículo titulado "Paul Adam", considera "pornografía de color de rosa" (II, 444). ¿En traducción? No lo sabemos. La sorpresa final depende de la ceguera del narrador: cuando lo excluido de su construcción literaria, regresa, digamos, desde lo real,[30] Darío-narrador queda colocado en la

---

[30] No estamos pensando en la psicosis ni en la forclusión aquí; seguimos al Lacan del *Seminario 6*, cuando nos dice que "Just as what is rejected from the symbolic register reappears in the real, in the same way the hole in the real that results from loss, sets the signifier in motion. The hole provides the place for the projection of the missing signifier, which is essential to the structure of the Other. This is the signifier whose absence leaves the Other incapable of responding to your question, the signifier that can be purchased only with your own flesh and your own blood, the

misma posición de Miss Mary, al develarse—como frente a los negros desnudos—el objeto de goce; y como la dama, Darío—también como Hamlet quien "has no voice with which to say whatever he may have to say about him" (Lacan, "Desire..." 49)—solo atina a articular la misma onomatopeya. Al imaginar a la mujer desde el estereotipo hegemónico patriarcal, Darío-narrador desconoce el deseo del otro, del subalterno, el deseo de la mujer. Resulta interesante ver que en muchos de sus relatos, Darío construye muchas veces un marco narrativo en el que el narrador se dirige a una jovencita, si no para amonestarla, como a Miss Mary, al menos para adaptarlas al Otro por medio de un discurso encantador. Las niñas de Darío responden siempre al mismo estereotipo europeo con el que el Darío-narrador recubre a Miss Mary. Y también, como en este caso—ya veremos—resisten a su prédica.

El título no es "Miss Mary" sino "La Miss". La palabra "miss" remite, a su vez, a un campo semántico de la lengua inglesa que tiene que ver con la pérdida, la ausencia de algo o alguien y también con el error: *miss shot* es un tiro perdido, errado; *to miss that* remite a lo que no se ha oído bien o no se ha captado o entendido correctamente; *to miss* es también omitir, pasar algo por alto y también fallar, errar el blanco. Obviamente, cuando el narrador se deja guiar por el estereotipo de la mujer blanca, occidental, de clase media, supuestamente religiosa, soltera, virgen, heterosexual, sólo acierta tal vez en cuanto a la orientación sexual, ya que el viejo pasajero inglés al final del relato se refiere a *toda* la tripulación y no deberíamos limitarnos a pensar que estaba formada únicamente por hombres. En casi todo yerra por haber oído o captado erróneamente el sentido de la onomatopeya gutural femenina.

signifier that is essentially the veiled fallus" ("Desire..." 38).

Debió incluso haberse dado cuenta de cuán poca religiosidad podía albergar una lectora de Catulle Mendès.

Podemos incluso jugar con el significante y tendríamos "missal" [misal] que nos abre a la cadena de asociaciones bíblicas y religiosas que Darío realiza en su relato. *Misshapen* tiene que ver con lo deforme, lo que carece de forma, como los negritos para la mirada de Darío (que éste transfiere a Miss Mary vía el estereotipo con el que la percibe), como bárbaros e incivilizados, sin forma humana y gesticulando como animales. Nada asegura que Miss Mary capte a los desnudos africanos con la misma lente prejuiciosa del narrador. Tanto los negritos categorizados como animales como Miss Mary imaginada como una mujer pudorosa son dos estereotipos con los que el narrador articula el discurso orientalista europeo para referirse al otro "oriental", dejando de lado un real que, en tanto objeto *a*, en tanto plus de goce, va a quedar fuera de la simbolización: la onomatopeya y el libro de Mendès. El narrador asume esa "fuerza cultural" europea (Said 69) en su dimensión no sólo dominante, orientalista e imperializante, sino también en su consistencia masculina y patriarcal. Oriente, como Miss Mary, es la mujer que el narrador en posición de dominio supone que hay que civilizar, rectificar y sobre todo penetrar. Sin embargo, la escritura dariana, como vemos, apunta a otra cosa. Desde la perspectiva del narrador, al cuerpo masculino desnudo le corresponde el pudor femenino, no el deseo o el goce femeninos. El viejito inglés, no obstante, al final saca al narrador de esta posición dominante: a pesar de las veleidades del narrador de poder citar a Shakespeare en su lengua original, es retornado por el viejo europeo a su posición subalterna. Al enterarse de la intensa actividad sexual de Miss Mary durante la travesía atlántica, el narrador no puede más que repetir la onomatopeya y, al hacerlo, implicará varias cosas: en primer lugar, que el viejo europeo lo retorna a la posición subalterna, es decir, lo mujeriza, lo orientaliza, lo retorna a su posición de supuesto nosaber, hasta el punto de hacerlo repetir la onomatopeya. No confundir "mujerizar" con feminizar. Mujerizar remite aquí a ocupar la posición de la mujer en el orden simbólico patriarcal, como emblema de lo subalterno. Es probable que el texto permita suponer que el encuentro de Miss Mary con un narrador tan pudoroso, que "más de una vez, al claro de luna, que argentaba las olas y envolvía en alba luz el barco" (275), sólo intercambiaba versos de poetas refinados, fuera para ella como un encuentro casi homoérotico, de mujer a mujer, por la forma en que le comunica tan familiarmente su vida íntima; en todo caso, siempre de subalterno a subalterno, es decir, entre dos a los que se le ha negado el goce.

En segundo lugar, el viejo inglés le permite al narrador descubrir que la onomatopeya para Miss Mary, frente a los africanos desnudos, tenía otra dimensión, que se le había escapado pero que, a su vez, él mismo no había podido provocar: el otro para Miss Mary—ya sea el negro, africano, joven, exótico, animal, o bien el otro de la tripulación, sin importar su jerarquía ni su género—era, más allá de sus particularidades, ese semblante de un objeto *a* al que apuntaba su deseo y que, como sustancia viviente del goce, formaba la serie infinita de sus aventuras deseantes, de la cual Darío y el viejo compatriota inglés estaban excluidos. Los propios afanes europeístas le habían hecho perder al narrador la perspectiva de hasta qué punto él mismo había sido inducido a renunciar a ese goce que quedaba estigmatizado en el discurso orientalista del colonizador y que él ahora mecánicamente repetía; solo desde la escritura, el sujeto es aquí capaz de darse cuenta de hasta qué punto estaba habitado por el Otro, hasta qué punto era hablado por ese Otro. A pesar de que la "deliciosa viajera" (275), ese "*tipo* gentil de sajona" (274, el subrayado es nuestro) compartía con él "versos arrulladores y musicales" (275), sus coqueteos con el narrador no pasaban de realizarse en cubierta. Si es en cubierta (encubierta) y desde cubierta que Miss Mary descubre en los negros el semblante de su objeto *a*, el narrador tendrá que ser puesto nuevamente en el lugar del subalterno para que la escritura dariana, retomando la mirada anamórfica—como diría Lacan—o bien "mirando al sesgo", el famoso "looking awry"—como prefiere Zizek al tomarlo de *Ricardo II* de Shakespeare—sea capaz de captar la verdad, justamente como error, tal como la verdad debe ser des-cubierta. En este sentido, mientras el relato yerra el tiro, la escritura no lo hace. La onomatopeya final del narrador, que repite la inicial de Miss Mary, da cuenta de este posicionamiento en la serie femenina y en cierto modo es la única forma significante para expresar el ridículo y hasta la humillación no sólo de haber errado el tiro, sino de no haber sido objeto del deseo de la dama, no haber podido formar la serie metonímica de los objetos masculinos de la sajona que, como los negritos animalizados o los varones (y hasta las mujeres) de la tripulación, provocaban su gemido de goce. En cierto modo, como lo plantea muy bien Zizek al discutir las paradojas de Zenón (17-22), frente al objeto causa del deseo unos no llegan (como el narrador de este relato) y otros se pasan (como los excesos de Miss Mary).

Y el significante "miss" todavía puede sernos productivo. Hasta *missile* tiene aquí su doble juego: uno, tal vez impuesto por nuestra lectura actual, que asociamos con lo transatlántico, con el viaje en el que el barco lleva un discurso poderoso orientalizante hacia África y América; y otro sentido más literal, que conecta con esa demanda del narrador a Miss Mary para que arroje al aire y al agua unos peniques como limosna y que deje de lado, arroje a un costado, la lectura del libro pudoroso[31] de Catulle Mendès—cuya

---

[31] Según el Diccionario de la Real Academia Española, "pudor" significa no sólo recato sino también "mal olor, hedor"; este ejemplo nos remite a lo que Freud planteaba en "Sobre el sentido antitético de las palabras

lectura de alto voltaje erótico hiede demasiado para el olfato recatado de una señorita sajona. Dinero y cultura europea son los misiles frente y contra el subalterno.

En cuanto al significante "miss", hay todavía más: por un lado, *missing* tiene que ver con una persona ausente y con algo que falta: Miss Mary viene a Río de duelo y también le cuenta a Darío sobre su novio "perdido"; por otro lado, la dama inglesa viene en una misión [*mission*], no sólo—según descubre nuestro narrador al final—para satisfacer su deseo, que es siempre una falta imposible de satisfacer, sino la de responder a la demanda de un señor, un pastor protestante, su señor tío, de la que ella es parienta (*the missis*). Recordemos que en inglés también *missis* se refiere a la costilla y esto hace cadena con la alusión dariana a Eva. Aunque poco nos dice de sí mismo, el narrador-Darío parece que está de viaje, también cumpliendo una misión, seguramente diplomática; en todo caso, el contenido sexual se condensa al final si admitimos que, en este marco de alusiones religiosas, de misiones asumidas y de cuerpos desnudos, la posición misional (*missionary position*)—es decir, la más estereotipada, lo que los sexólogos califican como "the most commonly used sex position"—se invierte, quedando el narrador masculino balbuceando la onomatopeya gutural que da testimonio del goce femenino inicial.

---

primitivas" (1910).

Miss Mary, la niñas darianas y las niñas prodigios

Sin intentar ser exhaustivos, vamos a detenernos en el espejo inicial de la serie metonímica del narrador: Miss Mary como sajona supuestamente pudorosa. Miss Mary hace serie en la escritura dariana con la niña como emblema de la mujer y del pudor, en su doble vertiente de recato y hedor. En muchos relatos o en muchos poemas narrativos, Darío como narrador o sujeto poético se dirige a una niña y le promete que le contará una historia. En "La Miss", sin embargo, esa posición de dueño de la palabra frente al otro parece que se ha desestabilizado; el narrador se refrena de manifestarle sus pensamientos a la inglesa cara a cara, como hace Hamlet, y solo los formula como monólogo interior. Darío siempre supone que se le demanda la palabra y se pone en el lugar de quien domina el lenguaje. En general, las niñas darianas no sobrepasan los quince años; la famosa Amelia[32], que se obstina en permanecer en la infancia tal vez como resistencia, como treta del débil, apenas tiene doce (300). Son casi todas rubias, de ojos azules, a veces pálidas; se las compara a las flores, sobre todo la rosa y el lirio, y también se las compara con las aves, es decir, parecen formar parte de la flora y fauna, de la naturaleza que requiere de la intervención masculina para su educación y proceso civilizatorio. Sin embargo, pocas veces, solo temporariamente, se someten a la seducción poética de Darío o del narrador. Las niñas, como interlocutoras, deben permanecer calladas y hasta se les pone la condición de no intentar comprender la historia contada, como Jeannette,[33] la que posee "el adorable don del silencio" (326), precursora sin duda de la mujer callada nerudiana, con aquel verso famoso de "me gustas cuando callas porque estás como ausente"[34] que vuelve a remitirnos a la mujer, al

---

[32] "El caso de la señorita Amelia", *Cuentos completos* 298-303.

[33] "Un cuento para Jeannette", *Cuentos completos* 326-329.

silencio y sin duda a Sor Juana y sus tretas del débil. No olvidemos, como nos dice en "La Miss", que "el pudor tiembla en silencio" (273). Jeannette, sin embargo, es un ave de ojos negros (327) que queda completamente desencantada con el cuento de la golosa Vespertina, que es la princesa que opta por el goce aún a costa de su propia ceguera y desvanecimiento. Al optar por el Príncipe Rojo y rechazar al Príncipe Azur, Vespertina termina "ciega, como los pavos reales y los cisnes" después de mirar al Príncipe Rojo (329); luego su cuerpo se inmaterializa, se desvanece "como un copo de nieve o un algodón de nube…" (329). Indignada por el desenlace del relato y la moraleja que quiere imponerle el narrador, Jeannette explota con una maldición: solamente dice " ¡Zut!" (329).

Usualmente, Darío califica a las niñas de ángeles, como la inocente huérfana Lea[35] de "El dios bueno" (207) y muchas otras; lo angélico es el semblante que atrae la atención del narrador y lo conduce hacia identificaciones hétero y homoeróticas. Lea es un ángel que, al final del relato, en medio del bombardeo, interrumpe su rezo para cuestionar la bondad de Dios: "—¡Oh, buen dios! ¡No seas malo!..." (210) A su manera, Lea se percata de la inconsistencia del Otro. Casi siempre, bajo el velo del pudor y la inocencia, la escritura dariana deja ver algo que escapa o desborda sutilmente la percepción inicial del narrador , esa 'cosa' sofocada que insiste en manifestarse. La división entre ese estereotipo ideal que Darío o el hombre se hace de la mujer y la mujer de la realidad—incluida no solo la esposa sino la serie metonímica de todas las mujeres del Sr. Recaredo—se hace extremadamente dramático en "La muerte de la emperatriz de la China".[36] En cambio, la muchacha ofrecida a

[34] Pablo Neruda, verso del Poema XV de su libro *Veinte poemas de amor y una canción desesperada* (1924)

[35] "El dios bueno", en *Cuentos completos* 206-210.

Nerón, Leticia, en el relato "Febea",[37] es descripta como "el cuerpo de un efebo que estuviese para transformarse en mujer" (226). Nerón hace lo que el narrador de "La Miss": recita cantos eróticos, pero a diferencia de Miss Mary, la cautiva Leticia no habla, no dice nada, ni siquiera gime una onomatopeya gutural. Resiste como estatua, "permaneciendo muda y cándida, como un lirio, como una púdica vestal de mármol" (227); de ese modo, con esa treta del débil, materializa el ideal masculino al punto de tornarlo siniestro. La respuesta masculina a esa resistencia femenina—que encarna al máximo el ideal promovido, al decir de Sor Juana, por los hombres necios—es la furia y la violencia del emperador: ni los versos ni la pantera Febea se atreven a tocar a Leticia, incumpliendo y cuestionando incluso el mandato del emperador.

"En la batalla de las flores"[38] el narrador se enfrenta al estereotipo del joven rubio, blanco, de ojos azules, que no es otro que Apolo, pero la seducción que ejerce sobre el narrador es similar a la que le producen la damas del mismo tipo. Este ideal masculino de belleza sajona será también el que Darío encontrará en la belleza del General Lucio V. Mansilla y en el poeta francés Catulle Mendès.

A las mujeres pecaminosas, sin pudor, se les adjudica el semblante de Salomé,[39] que queda decapitada por su propia joya, nada más ni nada menos que una serpiente dorada con ojos de rubíes, casi como luego será el cisne de Delmira Agustini, que Silvia

---

[36] "La muerte de la emperatriz de la China", *Cuentos completos* 199-205.

[37] "Febea", *Cuentos completos* 225-226.

[38] "En la batalla de las flores", *Cuentos completos* 280-284.

[39] "La muerte de Salomé", *Cuentos completos* 223-224.

Molloy ha estudiado como la respuesta erótica de la autora al cisne dariano. La de Agustini es otra treta del débil que cuestiona el símbolo poético del maestro: en ella "hay un erotismo de lo móvil, de lo cambiante—de lo desequilibrado, si se quiere—mientras que en Darío hay el erotismo de lo fijo, o más bien de lo que se quiere fijar" (Molloy 66).

Sin duda, Miss Mary forma serie con Salomé pero sobre todo con Rachilde, la única mujer incluida en *Los raros* y conocedora ella también del "secreto de la Serpiente" (II, 371). El grito gutural de Miss Mary frente a los negros desnudos le develan a Darío la misma naturaleza dual de este tipo de mujeres en las que "aquel sueño casto y blanco hace brotar la roja flora de las aberraciones sexuales" (II, 367). Y si bien Miss Mary no escribe como Rachilde (sobrenombre de quien es designada en la vida real como Alfred Vallete, nombre de su esposo), lee libros que el narrador desearía que tirara por la borda. Tal vez Miss Mary, en su vida en Brasil vaya a terminar como una "mujer de su casa", tal como Darío nos cuenta de Rachilde. Lo cierto es que, para Darío, ambas mujeres son "anticristesas", el producto del "mal del siglo" que ha puesto sobre ellas todas sus complicaciones y que ha activado en ellas, a pesar de su buena educación, las "fuerzas atávicas [...] la perversidad de muchas generaciones" (II, 368). No sorprende que en este retrato de Rachilde, en el que desliza además en forma muy sutil cierto antisemitismo, Darío haga gala de sus lecturas clínicas. Cita a Kraff-Ebing y hasta diagnostica a algunos personajes de la escritora siguiendo clasificaciones de la *Psychopathia Sexualis,* publicada en 1886. Más que la androginia y la homosexualidad, más que intentar "subestimar el imaginario femenino", más que "señalar la estética decadentemente descentrada de Rachilde y socavar su autoridad de escritora" o querer impedir "que una mujer se apropiase del discurso pornográfico" de exclusiva propiedad masculina, tal como lo sugiere en su ensayo María A. Salgado (272-273), lo que parece realmente desestabilizar la misoginia de nuestro autor es que, como veremos que ocurre con las niñas prodigio, son mujeres artistas—a las que puede admirar por el rechazo que éstas hacen de la vida burguesa europea—capaces de "hablar" de un goce cuya consistencia se le escapa completamente.[40] Son mujeres que descubren "secretos terribles" y llevan, sobre todo a los hombres intelectuales, a penetrar "en un terreno dificilísimo y desconocido, antinatural, prohibido, peligroso" (II, 371) que, por esos años y sin que Darío acuse recibo, Freud parecía estar muy dispuesto a interrogar. Hay que subrayar aquí la forma en que Darío se las arregla para domeñar la "perversidad" de Rachilde y también la que supone en Miss Mary: lo hace por medio de la traducción. Así como traduce a su manera el "Ohoou!" en "La Miss", el retrato de Rachilde incluye una extensa traducción (que suponemos, a falta de otros datos, es del mismo Darío) de uno de sus textos. Es la manera de domeñar, de apropiarse de la palabra del otro y de la otredad femenina de ese otro, para sancionarlo a partir de su propia perspectiva. Siendo estas mujeres ambas europeas, volvemos a la inversión del gesto colonial que, en este caso, interseca con la cuestión de género.

Hay en la mujer—como en todo subalterno—algo que no puede ser completamente dominado por los significantes que el Otro simbólico quiere imponerle. Tal vez el ensayo de Rubén Darío titulado "Niñas prodigios", publicado en *Opiniones* (1906),[41] resulte

---

[40] No debe escapársenos el hecho que el mismo Darío, en su *Autobiografía* de 1912, declara que "Fui algo niño prodigio" (I, 20), lo cual, junto al hecho de que al menos en su juventud escribía pariendo versos como una mujer, lo pone en la serie de estas artistas que hablan de un goce que no saben pero que está más allá de lo simbólico fálico.

[41] *Opiniones*, en *Obras completas*, Tomo 1, 223-452.

---

paradigmático para captar ese real que parece alojarse en la mujer y que es éxtimo al Otro; es aquello que amenaza desde ella la estabilidad de la cultura y obstaculiza los desarrollos de la civilización. Importa el texto tanto por la cuestión de género como por la cuestión infantil; en cierto modo, el ensayo dariano sirve para medir el malestar en la cultura europea de esos años y calibrar así mejor el impacto subversivo de los *Tres ensayos de una teoría sexual* de Freud, publicado en 1905, el año anterior al ensayo del nicaragüense. Los niños prodigio se le aparecen como aquellos que "con muy raras excepciones, mantienen las promesas de la infancia" (I, 312). Sin embargo, "[e]n la mujer la precocidad es más peligrosa aún" (I, 312). El futuro, que Darío denomina 'el fin', es más terrible para la mujer: "El fin de una superdespierta de diez años es terrible de pensar" (I, 312) y tal vez por eso, como a Jeannette, le impone no solo callar frente al cuento que le va a relatar, sino que además le prohíbe intentar comprenderlo.

Darío, al dirigirse a sus amigos al principio de *Opiniones* (1906)—en el que se incluye su ensayo sobre las niñas-prodigios— después de la dedicatoria, los conmina desde París a no someterse. Su lema puede leerse en varios sentidos. "¡Libertad, libertad, mis amigos! Y no os dejéis poner la librea de ninguna clase" (I, 228). "Amigos" puede ser tomado como un llamado a sus allegados y compatriotas del mismo género, como en el *Ariel* de Rodo, pero también puede tomarse en sentido de humano, más universal, incluyendo al género femenino. Asimismo, la frase "de ninguna clase" puede tener resonancias múltiples. Sociales, políticas o culturales, toda librea es un semblante de opresión. En relación a las mujeres, Darío observa, a pesar de su paternalismo sexista, la forma en que éstas se las arreglan para resistir, es decir, Darío—como hemos visto por los ejemplos mencionados antes—no deja de notar hasta qué punto hay algo que desborda la librea que se quiere imponer sobre lo femenino y, por extensión, lo subalterno. Los ejemplos que utiliza en su ensayo son tomados de la vida francesa reciente: Carmen d'Assilva "tiene diez años, una carita pálida, de grandes ojeras, y ha escrito cinco volúmenes de cuentos, un volumen de monólogos y de versos y siete piezas de teatro, que ha representado ella misma..." (I, 309). Además, a esa edad, ya "[e]s miembro de la 'Societé des gens de letters' y de la 'Societé des auteurs dramatiques'" (I, 309). La otra niña es Mlle. Antonine Coullet, de la misma edad que Carmen, pero de mayor talento, aunque tiene menos obras. Sardou y Coppée han escrito sobre ellas, han alabado sus obras y hasta han promovido la publicación de algunos de los libros de las niñas.

Darío, como siempre, a pesar de su entusiasmo y asimilación de la vida francesa, les sale al paso, desde su condición subalterna, a estas autoridades literarias con su mirada al sesgo. Estas niñas están lejos de entusiasmarlo, le dan tristeza (I, 309) y lástima. Al mismo Coppée le había dado tristeza la pequeña Antonine, porque como seguramente le ocurrió a Darío, pensaba que se trataba de una "niña fenómeno, y me imaginaba ya un rostro melancólico y ajado, una inteligencia recalentada, un cerebro viejo antes de tiempo" (I, 311). Pero ese "sentimiento de inquietud" (I, 311) desaparece cuando la ve: "Tiene buen aspecto, le gusta jugar, ha guardado intacta la ingenuidad de su edad. Esta musa infantil es una verdadera niñita" (I, 311), y el diminutivo es elocuente. El tono paternalista y patrocinador de Coppée resulta evidente. Sin embargo, la cuestión de cómo estas pequeñas pueden escribir muchos y buenos versos, no se resuelve fácilmente. Coppée, quien imaginaba a la niña como "una primicia obtenida artificialmente, de una planta de estufa" (I, 311)—como ya vimos también en Darío— arrinconará a este subalterno que habla en la gaveta de la naturaleza: recurriendo al ideologema vegetal, Coppée se explica la situación no sólo con su comprobación de que se trata de una 'verdadera' niña, lo que pacifica su temor al monstruo, sino por el hecho de que

Antonine "ha leído ya muchos versos, y por un don extraordinario los ha hecho, naturalmente, sin darse cuenta, por decir así, como un rosal da su flores" (I, 311). Agrega que el lector encontrará palabras y frases que son incomprensibles para la misma pequeña autora (I, 312). Coppée se refiere entonces a Mozart, de la misma edad de Antonine, pero lo designa como "ese hombre de genio [que] principió también como niño-prodigio" (I, 312). Mozart no es un niñito. La niña, pues, es un resonador—todos los platonismos están aquí a disposición de estos poetas consagrados y maduros—y un resonador irracional y natural, fuera de la cultura, que sirve de mediador para la inspiración divina. "La 'inspiración'—escribe Darío—se ejerce entonces en el sentido exacto de la etimología *in spirat*, y sopla en el virginal y delicado instrumento como el viento en una arpa eolia" (I, 318).

Las niñas prodigios que llaman la atención de Darío son, justamente, aquellas en que una inteligencia o habilidad desborda lo normal. Son, debido a ese exceso, algo anormal, monstruoso. Darío cita el caso de una niñita menor de doce años que escribe una carta a una revista mundana; allí se queja de que sus padres no la dejan casarse; dice estar preparada para ser una buena madre de familia; afirma no creer en *petit Noël* ni en las historias que les cuentan a los niños para dormirlos; sostiene no entender qué tiene que ver la edad en este asunto, ya que su tía de setenta y siete años está loca y ella es muy cuerda. Ella cree que si la dejaran "comprar niños, se haría mucho mejor que obligarme a jugar todo el día con una muñeca que no puedo amar verdaderamente, 'puesto que no sufre'" (I, 313). En la cita, la línea argumentativa de la niña, que no escapa a la apreciación dariana, es quizá la que lo aterroriza. Aunque Darío apenas puede explicarse el caso aludiendo a la transmigración de las almas, lo sorprendente es que aquí percibe que esta niña vuelve a hablarle del goce. En efecto, no se puede amar a una muñeca, que es como un cuerpo muerto vaciado de goce. Como lo plantea

Jacques-Alain Miller, el Otro simbólico intenta vaciar el cuerpo de lo vivo por medio de los significantes; un cuerpo adaptado a lo simbólico es un cuerpo muerto, sin goce.

A partir de allí, Darío, como es habitual en él, va a desplegar su erudición citando casos de la historia de niñas prodigios, sobre las que se extiende, aunque sobre Santa Teresa—como si no quisiera meterse en ruidos con el Santo Oficio—afirme, muy escuetamente, que todo en ella es más intuitivo. En los casos que menciona, las niñas prodigios tienen similitud con los negros africanos trilingües que sorprenden a Miss Mary. Todas ellas tienen el don de lenguas, son trilingües o incluso hasta septilingües (I, 315). Las llama "nuestras cultilatiniparlas de la actualidad, estudiantes ibsenianas y feministas marisabidillas" (I, 317), frase en la que puede percibirse el tono de furia sexista que lo arrastra. A esta furia, sigue una apreciación que luego tendrá desarrollos más contemporáneos, como en los trabajos de Freud, de Lacan y de Julia Kristeva: Darío no puede dejar de notar el poder de lo *infans*—e incluso de lo perverso polimorfo—como aquello que todavía no ha sido simbolizado y que amenaza la estabilidad de lo simbólico. Como Darío, a pesar de nombrar a Freud al menos una vez en *El mundo de los sueños* (1922), no tiene a disposición el concepto del inconsciente, atribuye este poder de lo *infans*, como otro emblema del subalterno, a los misterios y las revelaciones, como algo no humano que Lacan no dudaría en denominar *Das Ding*, la Cosa, lo Real: sin duda, como el "Ohoou" de Miss Mary, para Darío "Muchas palabras de niños contienen ese infandum que nos hace estremecer como algo de no humanamente expresado que viene de muy alto en algunas revelaciones-espíritus" (I, 318), como el que se le aparece en el sueño infantil que detalla en su *Autobiografía*. Como bien lo plantea Miller, es cuando el discurso del analizante comienza a deshacerse y llegan las onomatopeyas, se puede estar seguro que nos acercamos al A tachado (*Sutilezas* 242). Puesto que ese Significante del Otro tachado, $S(\cancel{A})$, no es más que la imposibilidad de decir todo lo verdadero (Lacan, *Seminario 20* 114) y por lo tanto es la mujer la que "tiene relación con ese $S(\cancel{A})$, y ya en esto se desdobla, no-toda es, ya que, por otra parte, puede tener relación con el **Φ**" (*Seminario 20* 98).

Con cierta preocupación personal y social, Darío nos va a sermonear a sus lectores con una metáfora frutal: "Los frutos que se anticipan a su tiempo, o que, por manejos y artes de horticultor, precipitan su madurez, no son buenos al paladar. En las almas pasa lo propio. La excesiva precocidad, en talento como en crimen, no puede ser sino signo de degeneración" (I, 320). Crimen y degeneración, palabras que sin duda Darío toma del discurso de su tiempo, tan impactado por el evolucionismo darwiniano y las teorías de la herencia y la adaptación social, se unen ahora a la precocidad en un ensayo sobre las niñas prodigios, con lo cual tenemos un síntoma de los temores que estaban del otro lado del supuesto modelo civilizatorio europeo que Darío va a observar, como tantos otros latinoamericanos antes y después de él. Lo que más lo asusta, tal como lo demuestra el cierre del ensayo, es la "carta' de la niñita a una revista mundana: "Si a los doce años se piensa así, ¿qué será a los veinte?" (I, 321). ¿Qué hará una mujer a los veinte si a los doce ya cree que puede sostener una familia y 'comprar' hijos? ¿Qué hará una mujer, como Miss Mary, si descubre que puede incluso haber otras gratificaciones que no necesariamente provienen de casarse y criar niños?

De los negros africanos, los peniques y la justicia

Después de Miss Mary, el otro espejo que atrapa al yo narrativo son los negros africanos multilingües. El narrador supone que son las contorsiones y gritos de los africanos los que trastornan el pudor de la mujer; sin embargo, al demandar que ésta les arroje unos peniques, muestra no solo que la imagen de los negros no recubre realmente aquello de lo que se trata, sino que también, como en la prostitución, le exige pagar por su goce. Nos quedamos sin saber qué motivó la onomatopeya gutural de la sajona, y aunque la máquina orientalista de Darío intente recubrir el objeto con una cita de Hamlet en su lengua original, lo cierto es que la mención de los peniques devela el lado "oscuro"—si se quiere aquí jugar con la negritud—del colonialismo. Si, como plantea Lacan, Hamlet no habla de otra cosa que de la crianza de niños cuando habla de Ofelia (*nunnery*), por el otro lado, no deja de haber una referencia a la prostitución. No es por capricho filológico que Lacan recurre al inglés en los tiempos de Shakespeare para hacernos recordar que "nunnery" también significaba "brothel", prostíbulo ("Desire..." 23). Y si "Conception is a blessing", según Hamlet dice a Polonio ("Desire..." 23), y eso en parte nos da la pista de por qué el narrador de "La Miss" se refiere a la Virgen María y el Angel, lo cierto es que la onomatopeya de Miss Mary le habla de otra cosa.

En su *Autobiografía*, al regreso de su primer viaje a Buenos Aires, Darío—sintiéndose todavía "un ser raro" (27) y afirmando no recordar casi ningún incidente de dicho viaje—no deja de anotar, sin embargo, "la visión de la 'debacle' de Panamá" [con] "Carros cargados de negros africanos que aullaban porque, según creo, no se les había pagado sus emolumentos" (I, 61). Aunque el término "aullar' los represente todavía en su animalidad, esta calificación es muy diferente a la que vemos en "La Miss", por cuanto ahora la animalidad es la dimensión a la que han sido reducidos "aquellos hombres desnudos y con los brazos al cielo, [que] pedían justicia" (I, 61).[42] Es esta convicción la que, en cierto modo, lleva a la escritura dariana a poner a Miss Mary en el lugar donde debían haber estado los negros exóticos. Esta metaforización es fundamental para entender la escritura dariana. Miss Mary, la europea, aparece en el lugar donde, en la escritura europea, aparecía el otro orientalizado, el exótico. En "La Miss", la imagen del negro africano, a pesar de su comparación animalística, no oculta que éste ha sido lo suficientemente 'civilizado' como para hablar tres lenguas y que la explotación económica ha llegado más allá de ponerlo en situación de reclamos laborales, para dejarlo a expensas de la limosna de los turistas. No debería escapársenos que este semblante "orientalista" es otro de los espejos de Darío y del narrador: él era el raro que quejándose siempre de su escasa flexibilidad económica, regresa en 1893 consagrado a la capital argentina a recibir la limosna de la oligarquía, con la capacidad de leer a Shakespeare en su propia lengua, hablar el francés y dominar—como pocos—la lengua de Castilla.

---

[42] Richard L. Jackson ha recorrido la obra de Darío teniendo en cuenta sus diversas perspectivas sobre la raza negra en Europa, Hispanoamérica, y particularmente en Estados Unidos. La cuestión todavía está pidiendo un estudio más crítico sobre las controversiales y a veces hasta contradictorias opiniones darianas sobre la negritud.

Del padre, del hijo: linajes y liderazgos

Catulle Mendès (1841-1909), poeta francés de extracción judío-portuguesa ligado al movimiento parnasiano, opera en "La Miss" como otro espejo que requiere de una investigación más detallada que no podemos hacer aquí. Indiquemos simplemente que se trata de una figura compleja, si la pensamos desde las proyecciones identificatorias del propio Darío. No se nos debe escapar que, como Hamlet, el narrador entra en el juego con Miss Mary ya como castrado, sin su falo, sin ese "signifier of power, of potency" (Lacan, "Desire…" 51); no debe sorprendernos entonces que Miss Mary y el resto de la secuencia de objetos *en* su deseo (la Virgen María, Eva, los negros, etc.) le sirvan al narrador para identificarse con "the fatal significer" ("Desire…" 32). Y Catulle Mendés entra en la serie metonímica pero de una manera especial, porque lo que Miss Mary tiene es un libro, la escritura del francés, es decir, se trata aquí de un autor ausente pero que, sin duda, se instaura como el doble con el que hay batirse, del mismo modo que Hamlet hace con Laertes aunque, como ocurre varias veces en este relato, los contrincantes no sean, como en la pieza de Shakespeare, del mismo nivel social y cultural. "The one you fight is the one you admire the most" (Lacan, "Desire…" 31). Es conocida la competencia entre los autores modernistas y Darío, como han ya demostrado los historiadores de la literatura; sabemos que era extremadamente sensible frente a los otros escritores de su entorno: ambivalencia amor/odio, alabanza y agresión, celos, envidias, chismes y competencias de todo tipo estaban a la orden del día en los círculosque él frecuentaba y sus cambiantes actitudes se pueden leer en sus notas y cartas.[43]

---

[43] Ignacio López Calvo, por ejemplo, en su ensayo sobre las "Estrategias de poder en el campo cultural del modernismo", se ha enfocado en la compleja trama de las relaciones entre Rubén Darío y Enrique Gómez

En *Letras*, de 1911, dos años después de la nunca bien aclarada muerte de Mendès,[44] Darío escribe un ensayo que justamente tituló "Catulle Mendès",[45] en el que coloca al poeta francés como figura motivadora de sus "ansias artísticas", las mismas que desde sus veinticinco años le abrieron "los nuevos rumbos que habían de traerme en América y en España tantos amigos y enemigos" (I, 572). Justamente porque Darío acerca en su texto, en la misma oración, esta dicotomía amor/odio entre sus amigos y enemigos, no es casual que a continuación comience a planear la ambivalencia afectiva respecto de Mendès, a quien posiciona como figura paterna, en tanto maestro y guía intelectual, aunque luego relativiza esa posición, al ponerlo en segundo lugar respecto del gran padre Víctor Hugo y en cierto modo colocando a Mendès en una serie que se completará con Verlaine, que "vino después" (I, 572). Extraña posición, pues, en la que Mendès aparece más como hermano mayor, con paternidad dudosa, en este linaje poético francés en el que Darío imagina insertarse y del que está realmente excluido. Mendès va a ser el espejo para el yo dariano, una especie de doble. Ya Freud y Lacan plantearon la forma en que

Carrillo.

[44] Mendès se había casado con la hija de Théophile Gautier, de quien más tarde se separa. Una noche al regresar de una fiesta, parece que se bajó del tren cuando estaba todavía en movimiento atravesando el túnel de Saint Germain. ¿Accidente o suicidio? Nunca se pudo saber, aunque la diferencia entre uno y otro pueda ser reducida al mínimo por el psicoanálisis. Sin intentar especulaciones de índole biográfica, no deberíamos sin embargo subestimar el impacto de esta muerte en Darío, por la vida que llevaba en París y sobre todo por las identificaciones que Mendès promovía en él, a nivel personal y poético.

[45] "Catulle Mendès", en *Obras completas*, Tomo I, 572-581.

el yo se sitúa respecto de su doble (un hermanito, por ejemplo), con la ambivalencia entre amor y odio; la agresividad y el amor o la admiración serán también parte de la relación del yo con la figura paterna, Hugo, con la que Darío no se confronta.

Evocando el nombre de poeta—Catulle—dado por un padre judío que supo ver proféticamente los laureles en la cabeza de su hijo (I, 577), Darío va construyendo y construyéndose un linaje de tipo patriarcal-literario, en el que Mendès ocupa un lugar secundario. Admite la influencia de Mendès en su narrativa, especialmente el cuento y particularmente en los de *Azul*, y enfatiza las características relevantes del autor francés: galante, libertino, preciosamente erótico" (I, 573), un ser que vivió hermosamente, dedicado al arte, a las mujeres y al vino (I, 577), y cuya muerte no puede ser un suicidio (574).

La muerte de Mendès—la hora de Mendès, "the hour of his destruction", como dice Lacan a propósito de Hamlet ("Desire…" 25)—debe, pues, haberlo impactado justamente por su ambivalente identificación con él y no por casualidad Darío cita una misiva de Víctor Hugo a Mendès con motivo de la muerte de su suegro, Gautier, en donde Hugo manifiesta que solo queda él como sobreviviente de la generación de 1830 y que sin duda pronto, le llegará también su turno de morir: "C'est maintenant mon tour" (I, 573). Se trata de la hora. Como en Hamlet, tal como lo plantea Lacan, hay solo una hora, la hora de su destrucción hacia la que inevitablemente se dirige también Darío ("Desire…" 25). En este linaje, marcado quevedescamente por la hora de cada quien, en el que Hugo es el proto-padre o el abuelo intocable—justamente Mendès tenía en su domicilio *frente* a la Legación de Nicaragua, un autógrafo de Hugo, con un texto tomado de *El arte de ser abuelo*— Mendès—de padre judío y madre cristiana, "dotado de gran belleza" y con "su rostro de príncipe de cuentos" (I, 574)—

funciona como un espejo sobre el que Darío proyecta su yo ideal: Mendès es su Laertes, el "bizarro conquistador de amores" (I, 574) que "hizo poética su vida" (I, 574) hasta el punto de comprometer su libertad yendo a prisión por una publicación; Mendès es también el que sin creencias religiosas, escribió "páginas inefables" sobre la Santísima Virgen y sobre Santa Teresa. Tenía también "el admirable don de asimilación" (I, 576), con una obra que podría haber firmado Hugo, Gautier, Leconte de l'Isle, Banville o Heredia. La mentalidad israelita de Mendès le proveía de su exquisita "facultad musical" (I, 576), que le permitía darle a todo un "valor armonioso" (I, 575); y, con su cara de "Cristo satisfecho" (I, 577)—hijo sacrificado—su indumentaria casi de dandy, su permanente juventud interior (I, 577), su conocimiento de lenguas clásicas, su buena cuna (I, 574), casado y separado varias veces, con mujeres de extracción diversa—desde Judith, la hija de Gautier, hasta la cortesana que consuela sus últimos días—tenía todas las credenciales para triunfar en París, como lo hubiera hecho en la antigua Grecia y en la Roma imperial.

Capaz de atraer carismáticamente a los jóvenes artistas a su alrededor, Darío solo puede ver a Mendès de costado, al sesgo, desde una mesa de un café parisino, el Napolitain (I, 573), ya que no formaba parte del séquito del poeta francés. Esa sensación de marginalidad, de periferia, es la que dispara los componentes agresivos hacia su doble ideal: Mendès, aunque de familia rica, tiene que "trabajar como un negro para llenar sus necesidades de gentleman y de mundano" (I, 578), no comprendía ni aceptaba el verso libre (I, 576), no dominaba bien ni el español ni el portugués (I, 578), sus pecados—los que le achaca la crítica, sobre todo después de su muerte—existieron realmente (I, 581) y su obra "que si no durará, ha tenido su triunfo de belleza" (I, 581), será olvidada. No obstante estas imperfecciones ("nadie es perfecto en la tierra" [I, 581]), Darío se identifica con Mendès a nivel profesional—

ambos esclavos del capitalismo, ambos negros del colonialismo—y a nivel poético: la dirección de la sección literaria en un diario parisino, a pesar de consumir todo su tiempo, no le impedía escribir su enorme obra ni tampoco impedía que Mendès quedara de pronto libre "y de un solo lírico impulso se [elevara] al azul" (I, 581). No es casual que casi con la misma evocación Darío concluya su *Autobiografía*: mientras su amigo Maucci le muestra las modernas máquinas de su empresa editorial, y ya de regreso en automóvil "a mi torre" (119), Darío recuerda su bohemia, mientras "me distrae de mi pensar en prácticas acciones un vuelo de ave que pasa y me quedo abstraído en la contemplación de una estrella que aparece en el vasto cielo azul" (119), es decir, en su Oriente deseado, esa Cosa que llegará a su hora.

No debería escapársenos hasta qué punto la estética modernista a nivel del significante, polarizada entre lo maquinal y lo deslumbrante de sus imágenes, está en un punto de cruce entre lo que el primer Lacan llamaba la palabra reveladora ("que no cubre nada de lo experimentado hasta entonces") y el estribillo (*Seminario 3* 366), es decir, palabras machacadas por quienes se las repiten" (*Seminario 3* 370); pero ambos polos son también típicos de todo comienzo, de toda entrada en la psicosis. Otros rasgos importantes de notar en relación a lo psicótico son la erotización del significante (*Seminario 3* 84)—'Oriente" en nuestro estudio—la defensa contra la homosexualidad como parte de un narcisismo amenazado (*Seminario 3* 443) y las imágenes de identificación femenina ("parir versos" como Darío lo plantea en su respuesta a Contreras [V,403]) (*Seminario 3* 446). Como sabemos, la 'representación' que de alguna manera se le impone a Schreber es la "de que tenía que ser muy grato ser una mujer que es sometida al coito" (*Memorias* 84). Lacan nos da dos traducciones, de esta perplejidad, una en el *Seminario 3*, donde dice: "sería algo hermoso ser una mujer sufriendo el acoplamiento" (92); otra versión la propone en "De una cuestión preliminar...", cuando dice "sería *bello* ser una mujer que está sufriendo el acoplamiento" (*Escritos* 521, el subrayado es de Lacan). Es curioso que haya subrayado ese 'bello' y que no lo haya trabajado más. Schereber se indigna de esta mujerización por parte de un Dios que lo penetra sádicamente; pero también hay un goce masoquista involucrado aquí, porque sea como fuere, él es un elegido de Dios.

Si tuviera que elegir una palabra como punto de almohadillado para el discurso poético dariano me quedaría con "fatal", ya que une la idea de lo inevitable, particularmente la muerte, la de infelicidad, la del mal, la del destino y sobre todo la de la mujer fatal y la palabra o término fatal, en el sentido, de que no podrían no inscribirse. Si Lacan, quien sabe que debe posicionarse como nosotros frente al texto de un ausente y por eso asume su trabajo sobre las *Memorias* de Schreber como "comentarista-analista" (*Seminario 3* 435), se ve llevado a trabajar en ese famoso caso de psicosis la cuestión de la procreación y la de *ser padre*, junto a la de las genealogías a partir del varón en el patriarcado, no por ello descuida hasta qué punto procrear toma su sentido pleno para ambos sexos frente a la experiencia de la muerte (*Seminario 3* 418). Lacan insiste en que "[l]a relación de procreación está implicada, en efecto, en la relación del sujeto con la muerte" (*Seminario 3* 440). Sabemos también cómo "[l]a paternidad y la muerte son por cierto dos significantes que Freud reúne a propósito de los obsesivos" (*Seminario 3* 418). En Darío, tanto en su biografía como en su poética, el significante "ser padre"—que no es simplemente copular—es problemático y requiere un ejercicio crítico puntual y detallado que no podemos realizar aquí. Por un lado, tenemos su posicionamiento en la lengua 'materna' a partir de una relación "divina" con la métrica y la poesía francesas, con las paternidades de Víctor Hugo y de Verlaine, nunca cuestionadas; por otro, su constante recusar la idea de una escuela y la de genealogía, tanto en lo literario como en su vida privada.

No deja de sorprender la anécdota que Alfonso Reyes nos cuenta, de cuando en Veracruz, habiendo Porfirio Díaz prohibido a Darío viajar a la ciudad de México para celebrar el primer centenario de la Independencia, un sacerdote, "[n]o pudiendo resistir la atracción del dios [de Darío mismo]", le pide a Alfonso Cravioto, amigo de Darío, ser presentado al vate; en el camino, hablando de literatura, sale a relucir el nombre de un poeta que produce en Darío una "muequecilla dudosa". El sacerdote la percibe y le dice a Darío: "—Sí, ya lo sé, a usted no le convence Flórez, porque Flórez no es de su escuela…". Reyes apunta la reacción de Darío ante ese llamado a la paternidad y a la autoridad: "Y, a boca llena, con toda la inconsciencia de un niño a quien han enseñado a repetir una palabrota, Darío le interrumpe, enfrentándosele: "—Yo no tengo 'escuela'; no sea Ud. *pendejo*". Frente al estupor del sacerdote, Darío concluye con la famosa frase que luego agregará a su famoso prólogo: "Mi literatura es mía en mí". (Reyes 21-22). Cada palabra de esta anécdota podría llevarnos hacia un campo de hipótesis críticas que valdría la pena explorar, aún cuando no se confirmaran. No se trata de que estemos interesados en un diagnóstico sobre la patología de Darío, sino porque son cuestiones cruciales para entender su relación con el significante. En este sentido, la palabra "pendejo" (subrayada por Reyes) podría introducirnos a la cuestión del 'tú', tal como Lacan la explora en el *Seminario 3* y que, en cierto modo, Julio Ortega ya insinuó en su Rubén Darío para la interlocución. Dirigida a un sacerdote, abre la especulación crítica a múltiples itinerarios. Comparado con el famoso "vengo del fiambrero/marrana" (*Seminario 3* 69-86), Darío colocaría al sacerdote como psicótico. Es una posibilidad de lectura. La otra sería tomar "pendejo" como el significante injurioso (*Seminario 3* 144) que de alguna manera demuestra que Darío, a pesar de esos rasgos psicóticos que hemos mencionado, rechaza no obstante ocupar la posición de dios en la que quiere atraparlo el otro, reconoce su falta, se instala como sujeto deseante. Aunque, como sabemos, esto no sería garantía ya que, como el mismo Lacan lo ha planteado, el hombre moderno y el delirio del psicótico tienen bastantes puntos en común, especialmente esa necesidad de recusar al amo, a dios, para sostener "el campo de su autonomía irreductible como individuo" (*Seminario 3* 191). Pareciera en cierto modo permanecer del lado de la neurosis, por cuanto demuestra que puede responder a lo que ya está significado en la estructura del significante: padre/hijo. Y además porque recusa asumir la posición de un "dios" como sujeto completo, muerto, sin deseo y hasta malévolo. Así como Darío en "El Porvenir", Schreber también anota que "algo debía o debe andar mal en el propio Dios" y que "Dios no era ni es un ser de esa *absoluta perfección* que le asigna la mayor parte de las religiones" (*Memorias* 79, subrayado del autor). Asimismo, podríamos revisar esa escena como un sujeto en el umbral de la psicosis, por cuanto, no olvidemos que la entrada en la psicosis "es el momento en que desde el otro como tal, desde el campo del otro, llega el llamado de un significante esencial que no puede ser aceptado" (*Seminario 3* 436). La frase "Mi literatura es mía en mí", entre otros juegos interpretativos, podría pensársela en relación a aquello de que el psicótico ama su delirio como a sí mismo (*Seminario 3* 226) y hasta como una negativa a inscribir una descendencia, al menos en Darío desde una posición de líder de un movimiento (posición de autoridad varonil), aunque aceptaría, en todo caso, ser 'madre' de sus versos. No olvidemos que en su delirio, Schreber ocupaba la posición de una mujer víctima de un dios que lo impregnaría para fundar una nueva raza. También configura un rasgo psicótico en esta anécdota el encuentro del sujeto con el significante en cuanto tal (*Seminario 3* 455). A partir de todo esto, incluso basados en este borrador apresurado, ¿no podríamos, además—al menos como ejercicio crítico—leer las vanguardias, a consecuencia del problema de 'ser padre' en el Modernismo, justamente como la emergencia de esa oximorónica "sociedad psicótica" que Zizek de alguna manera sugiere para entender la sociedad postmoderna a partir de la declinación del Edipo, es decir, "[the] decline of paternal symbolic authority" (*The Ticklish Subject* 315)?

Hamlet, Ofelia y la cuestión del humor

Hemos ya mencionado varias veces la figura de Ofelia y, por ende, la figura de Hamlet que el narrador asume en su mascarada orientalista. Ya mencionamos el hecho de que el narrador cita la obra de Shakespeare en inglés. Y también hicimos algunas referencias a la lectura lacaniana de Hamlet, que se realiza en varios de sus seminarios, pero al que se refiere especialmente en el *Seminario 6* [46] en el cual nos hablará de *Hamlet* como la tragedia o el drama del deseo. Para Lacan, ese drama es el de alguien que "has lost the way of his desire" ("Desire..." 12). En Shakespeare, Hamlet reacciona con improperios frente a Ofelia, de la misma manera en que el narrador de "La Miss" lo hace, aunque, como hemos ya señalado, para sus adentros. A pesar de que tanto en Shakespeare como en Darío dichas mujeres operan como "carnada" ("Desire..." 11)[47] para el deseo del sujeto (Hamlet y el narrador de "La Miss", respectivamente), la relación de ellos con la mujer no es la misma y esto puede explicar que en el cuento de Darío los reproches asuman la forma de un monólogo interior, porque Miss Mary, como inglesa y consecuentemente europea y representante del colonialismo británico, tiene una posición, si se quiere, jerárquica respecto del narrador, a diferencia de la relación más horizontalizada que vemos entre Hamlet y Ofelia. La agresión y la

---

[46] El *Seminario IV El deseo y su interpretación* no ha sido todavía publicado. A los efectos de este trabajo, hemos manejado la traducción al castellano mimeografiada que circula en Buenos Aires y la versión al inglés de unas de las sesiones del seminario publicadas como "Desire and the Interpretation in Hamlet".

[47] Para facilitar la lectura, citaré a veces el texto de Lacan traduciéndolo y remitiendo a la paginación de correspondiente de la versión inglesa, ya que la versión castellana carece de paginación.

humillación del narrador hacia Miss Mary, como en Hamlet hacia Ofelia, se da porque "she has become for him the very symbol of the rejection of his desire" (Lacan, "Desire..." 36). Se juega aquí cierta fantasía sádica,[48] por la cual "the subject's interest in the person who suffers humiliation must obviously be due to the possibility of the subject's being submitted to the same humiliation himself" ("Desire..." 16). Intentemos ver las consecuencias de esta fantasía en el cuento de Rubén Darío.

Como Hamlet, el narrador vacila frente al falo como objeto de goce; y como el deseo de la Madre en la pieza de Shakespeare, que aparece dirigido hacia el padre pero también hacia su cuñado Claudio, el deseo del narrador por Miss Mary se manifiesta como idealizado, exaltado por tratarse de una mujer europea blanca civilizada y a la vez degradado, por cuando Miss Mary ha perdido el pudor frente al espectáculo de los negros desnudos. El drama del narrador en "La Miss" va a estar marcado por esta dependencia de

su deseo al del deseo del Otro, al famoso *Che vuoi?* (¿qué quiere el Otro de mí?). No se trata tanto de tener o no tener el falo, sino de ser o no ser el falo; no se trata del deseo *por* Miss Mary—como imagen que vela el falo—sino del deseo *de* Miss Mary lo que hace vacilar las convicciones orientalistas elaboradas por el Otro europeo y que Darío ha venido adoptando, admirando y perfeccionando (como con su aprendizaje del inglés) desde temprano en su vida. Darío, en tanto sujeto de la escritura, da cuenta, por medio de este relato, de la vacilación del narrador frente al impacto que significa darse cuenta de hasta qué punto lo que suponía ser su propio deseo en su fantasía, resulta ser el deseo del Otro; la escritura, al

---

[48] En el relato de Darío se trata de cierto rasgo perverso, pero que no llega a constituir una estructura perversa; por el contrario, como hemos venido viendo a lo largo de este ensayo, la salida dariana es la histeria.

organizarse alrededor del "deseo" de Miss Mary, una mujer supuestamente civilizada, es decir, supuestamente limpiada de su goce por lo simbólico, manifiesta el impacto de confrontar indirectamente la inestabilidad del Otro: si el Otro desea, entonces está marcado por una falta. La mujer pudorosa que vemos en el fantasma del narrador—como todas las niñas a las que ya nos hemos referido—no es más que una respuesta al enigma del Otro colonizador y patriarcal y obviamente la escritura muestra ese retorno de la pregunta al narrador: ya no ¿qué deseo?, sino ¿quién soy yo para el Otro? ¿Qué quieren los otros de mí? Nuestra tesis aquí es que este relato y esta travesía transatlántica dan cuenta de un giro ideológico en la escritura dariana.

Si Miss Mary—antes de los gritos guturales de ésta—era para el narrador su semejante—ambos civilizados—con quien estaba "naturalmente" afiliado, integrados como iguales a la misma comunidad en la que se comparten los mismos valores, la onomatopeya astilla este espejo, este imaginario, al develar en ese otro, en ese semejante "civilizado", un deseo, una falta, desde la que no sólo se interroga al narrador, sino que lo alerta sobre su propio desconocimiento de su supuesto prójimo. ¿Quién es esta mujer? ¿Quién es ese Otro al que me he consagrado sin saberlo? ¿Quién es ese Otro que incluso rechaza y excluye de su comunidad a sus propios paisanos? Si la barbarie latinoamericana, con o sin dictaduras de por medio, está constituida por fuerzas que terminan excluyendo a sus hijos lúcidos hacia regiones supuestamente democráticas y civilizadas, ahora el relato da cuenta de una certeza para la que no hay discurso, solo onomatopeya: esos mundos civilizados y democráticos también expulsan la diferencia, ese resto de goce no limpiable ni limpiado por lo simbólico. Darío llega con este relato a los límites del modernismo. Si la onomatopeya que inicia el relato dispara la máquina erudita modernista, la onomatopeya que lo cierra es una disfunción de esa máquina semiótico-poética que Jitrik teorizó. Para Miss Mary como para el narrador, la visión de los negros—desnudos, trilingües y pidiendo dinero—y los deseos que allí se ponen en juego, muestran los límites y falsificaciones de la fantasía orientalista a la par que los retornan al cuestionamiento sobre su falta, sobre su propia privación simbólica, sobre la castración. Miss Mary, ese semejante del que el narrador creía conocer y hasta estar a su altura, ahora le resulta sorprendente, impenetrable; el narrador en su veleidad erudita y civilizada, capaz de remontarse por toda la serie de figuras de la tradición literaria judeo-cristiana, termina retornado a la incomodidad histérica de interrogarse por la consistencia cultural del Otro y por su propia falta, por su propio deseo. Por eso, con Lacan, podemos decir que el narrador, como Hamlet, hasta cierto punto queda "suspended in the time of the Other" ("Desire..." 17), al menos hasta que el viejo inglés lo saca de su ilusión. Su momento de actuar se realiza al final y se reduce a emular la onomatopeya gutural de la sajona que, como ya planteamos, supone el disfuncionamiento de su máquina modernista erudita y, hasta en cierta medida, los límites del lenguaje respecto del goce. Su posicionamiento como Hamlet termina aquí, al comprobar que la hora de Miss Mary no es como la hora de Ofelia: si Ofelia pasa a la acción suicidándose, Miss Mary se exilia como modo de resguardar su deseo y sale a buscar sus objetos más allá del espacio metropolitano europeo. Si no sabemos qué hará el narrador más allá de su onomatopeya, al menos comprobamos que el sujeto de la escritura nos hace un guiño por medio del cual muestra que sale victorioso de la trampa del Otro: en cierto sentido, si la hora del narrador no es la del héroe moderno, la hora de Darío, gracias al humor de su relato, es la hora de su escritura, de la comedia.

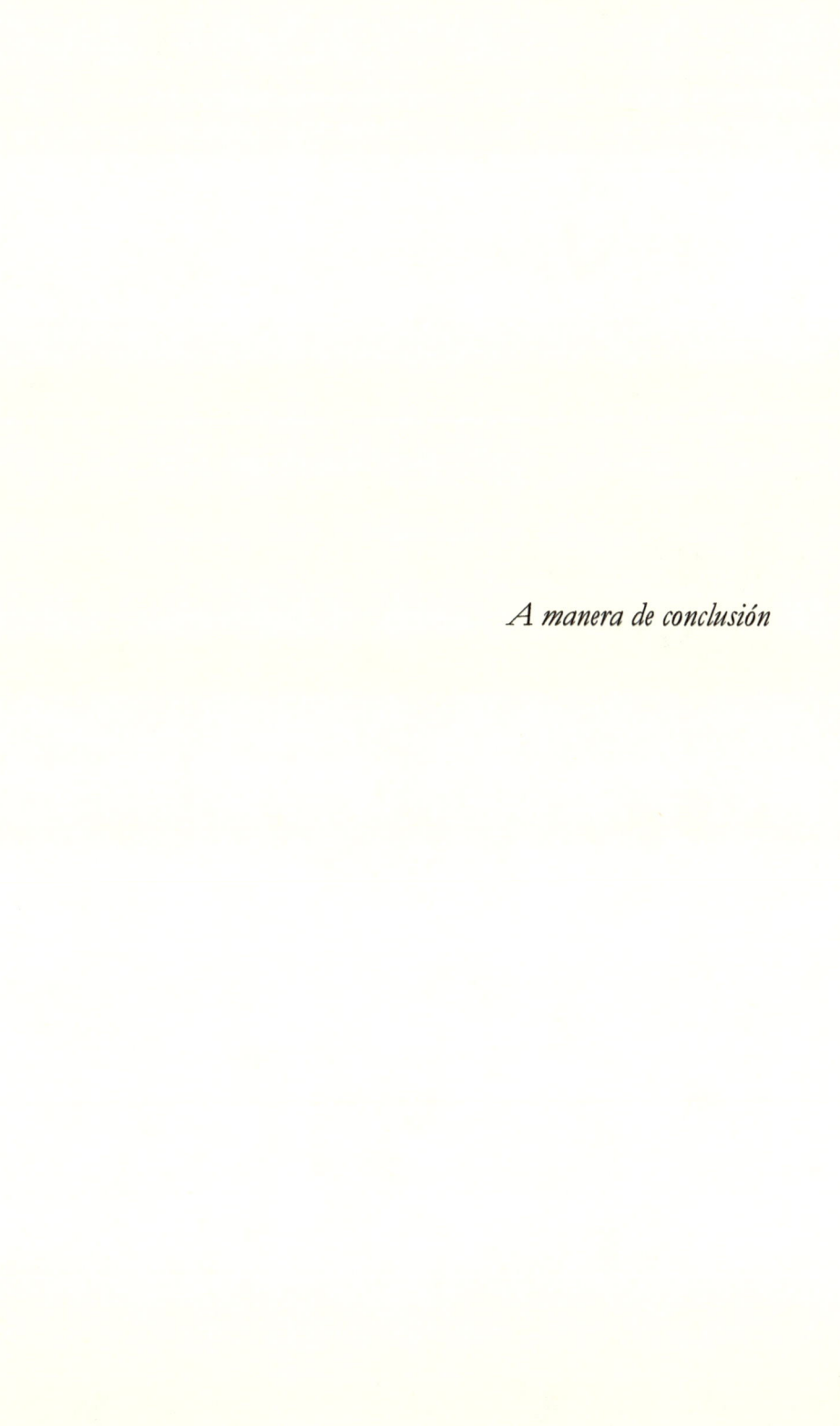

A manera de conclusión

Si esta lectura es conjeturalmente aceptable—sólo verdadera en la medida en que aceptemos con Lacan que la verdad, como La mujer, no-toda es—lo que importa enfatizar es que el fantasma del narrador—pero no el de Darío como escritor—ha sido completamente colonizado por la lengua dominante, hasta el punto de que el significante "miss" opera como irradiando la construcción del sentido del texto en diversas direcciones, conformando así varias constelaciones semánticas. Miss Mary es el síntoma del narrador hispanoamericano y también del viejo inglés, el síntoma del discurso orientalista colonial—aún con la paradoja de que dicha mujer no es la exótica del discurso europeo—en la medida en que el subalterno sólo puede entrar en el discurso dominante, en la economía simbólica de los hombres, del patriarcado y del colonizador como un objeto fantasmático, como un objeto *a* causa del deseo y plus de gozar que causa el deseo de ellos, pero que a su vez queda como éxtimo a su discurso falocéntrico universalizante. El relato "La Miss" da cuenta de un momento de la escritura dariana en el que si, por un lado, admitimos la identificación entre el narrador y Rubén Darío como constitutivo del plano diegético, por el otro debemos establecer una travesía entre ambos, en el sentido de que Rubén Darío como autor—ya no como posible personaje o narrador—*escribe* la diferencia, se apercibe del desfasaje entre la realidad y el discurso, y entre el discurso y lo real, y la pone a disposición del lector subalterno. Frente al discurso del Amo orientalista, Darío va a ir derivando su treta del débil, no tanto desde las galas que ostenta con su erudición, tan parecidas al discurso universitario, sino desde el discurso de la histérica, es decir, poniendo en duda el saber y la consistencia del Otro simbólico hegemónico. En este sentido, "La Miss" nos da cuenta de un Darío que capta mejor que otros escritores de su círculo la relación del falo en el capitalismo colonialista. Si, como lo señala Lacan para

Hamlet frente a Laertes ("Desire..." 34), el narrador no puede ser un hombre frente a su doble (Miss Mary, los negros, Catulle Mendès, el viejo inglés), su estrategia va a ser posicionarse como una mujer y desde allí vislumbrar la posibilidad de un más allá del goce fálico. Más que la desaparición del sujeto por causa de la aparición del falo, más que la desaparición del colonizado por causa del teatro o la mascarada orientalista practicada por el colonizador, Darío nos permite ver hasta qué punto en el colonialismo se trata de la mujerización del sujeto. Y justamente por ello abre la alternativa de un goce, de un plus-de-goce que funda para el subalterno la posibilidad de su treta del débil.

Darío no se ha dejado llevar por la opción típica del discurso orientalista en la cual los escritores europeos solían poner a una mujer exótica o una cortesana tomadas del espacio colonizado. Darío invierte, como vimos, ese discurso, y allí donde los europeos ponen a la mujer exótica, él coloca a Miss Mary. Darío dispone su cuento de manera tal que, involucrándose como narrador y personaje y habiendo sido retornado en la diégesis a la posición subalterna, es capaz de develar el malestar en la cultura europea. Miss Mary es alguien que proviene de ese mundo civilizado, que ha sido expulsada, que tal vez escapa o bien renuncia a él; la escritura dariana, al poner al viejo inglés mirando de reojo y sancionando las andanzas eróticas de su paisana, denuncia la doble imposición simbólica del discurso orientalista: por una parte, como dominante de la otredad colonial y, por otra, como excluyente de la diferencia subalterna en el espacio propio. El discurso femenino-feminista que comienza a reclamar su derecho al goce, por un lado, y el discurso del subalterno, por el otro, que comienza a percibir lo éxtimo del registro simbólico dominante—aunque no alcance aquí en este relato más que una expresión onomatopéyica—no por eso resultan menos elocuentes para denunciar las transformaciones que se avecinan en las dos orillas del Atlántico.

Bibliografía

Chavarría U., Gabriela. "La ciudad moderna de Rubén Darío: la perspectiva del panorama cosmopolita en *Azul...* y *Canto a la Argentina*". En *Miradas críticas sobre Rubén Darío*. Urbina, Nicasio, ed. Managua y Miami: Fundación Internacional Rubén Darío, 2005. 81- 94

Chen, Guojian. *Poesía clásica china*. Madrid: Ediciones Cátedra, 2001.

Dai, Yonghu. "La presencia china en las obras de Rubén Darío". En *Miradas críticas sobre Rubén Darío*. Urbina, Nicasio, ed. Managua y Miami: Fundación Internacional Rubén Darío, 2005. 209 - 245

Darío, Rubén. *Autobiografía. La vida de Rubén Darío escrita por él mismo.* Barcelona: Linkgua Ediciones, 2006.

---. *Cuentos completos*. Ed. y notas de Ernesto Mejía Sánchez. Estudio Preliminar de Raimundo Lida. México: Fondo de Cultura Económica, 1994.

---. *Obras completas*. 5 volúmenes. Madrid: Afrodisio Aguado, S.A., 1953.

Deleuze, Gilles. *El saber. Curso sobre Foucault*. Tomo I. Buenos Aires: Editorial Cactus, 2015.

Federici, Silvia. *Calibán y la bruja. Mujeres, cuerpo y acumulación originaria* (2004).   Historia.   Traficantes   de   sueños. http://porelpanyporlasrosas.weebly.com/uploads/1/1/8/1/11810035/calibanylabruja-tds.pdf

Foucault, Michel. *Lecciones sobre la voluntad de saber*. Buenos Aires: Fondo de Cultura Económica, 2014.

---.*Del gobierno de los vivos*. Buenos Aires: Fondo de Cultura Económica, 2014.

---. *Los anormales*. Buenos Aires: Fondo de Cultura Económica, 2000.

Freud, Sigmund. "Duelo y melancolía" (1917 [1915]). *Obras completas*. Tomo XIV. Buenos Aires: Amorrortu, 1993.

---. "Sobre el sentido antitético de las palabras primitivas" (1910). *Obras completas*. Tomo XI. Buenos Aires: Amorrortu, 1979.

Ibarbourou, Juana de. *Obras completas*. Madrid: Aguilar, 1968.

Indart, Juan Carlos. *Problemas sobre el amor y el deseo del analista*. Buenos Aires: Ediciones Manantial, 1989.

Jackson, Richard L. "La presencia negra en la obra de Rubén Darío". *Revista Iberoamericana* 33 (1967): 395-417.

Jitrik, Noé. *Las contradicciones del Modernismo. Productividad poética y situación sociológica*. México: El Colegio de México, 1978.

Kojeve, Alexandre. *La dialéctica del Amo y del Esclavo en Hegel*. Buenos Aires: La Pléyade, 1982.

Lacan, Jacques. *Escritos I y II*. Buenos Aires: Siglo XXI Editores, 2008.

---. *Seminario 10. La angustia.* Buenos Aires: Paidós, 2007.

---. *Seminario 8. La transferencia.* Buenos Aires: Paidós, 2003.

---. *Seminario 3 Las Psicosis.* Buenos Aires: Paidós, 1995.

---. *Seminario 7. La ética del psicoanálisis.* Buenos Aires: Paidós, 1988.

---. *Seminario 11 Los cuatro conceptos fundamentales del psicoanálisis.* Buenos Aires: Paidos, 1987.

---. *Seminario 20. Aun.* Barcelona: Paidós, 1985.

---. "Desire and the Interpretation of Desire in *Hamlet*". *Yale French Studies* 55/56 (1977): 11-52.

---. *Seminario 6. El deseo y su interpretación.* Versión mimeografiada de la Escuela Freudiana de Buenos Aires.

López Calvo, Ignacio. "Estrategias de poder en el campo cultural del Modernismo: la escabrosa relación entre Rubén Darío y Enrique Gómez Carrillo." *Rubén Darío: cosmopolita arraigado.* Ed. Jeffrey Browitt and Wener Mackenbach. Managua, Nicaragua: Instituto de Historia de Nicaragua y Centroamérica, 2010. 294-319

---. "Rubén Darío y su búsqueda de armonía en el cosmopolitismo, el monismo panteísta y el erotismo". En *Miradas críticas sobre Rubén Darío.* Urbina, Nicasio, ed. Managua y Miami: Fundación Internacional Rubén Darío, 2005. 109 - 126

Li Po. *The Works of Li-Po. The Chinese Poet.* Trans. Shigeyoshi Obata. London & Toronto: J. M. Dent & Sons Limited, 1923.

Loveluck, Juan. *Diez estudios sobre Rubén Darío*. Santiago de Chile: Empresa Editora Zig-Zag, 1967.

Ludmer, Josefina. "Tretas del débil". *La sartén por el mango*. Ed. González, Patricia Elena y Eliana Ortega. Río Piedras, PR: Ediciones Huracán, 1985. 47-54

Mair, Victor, ed. *The Columbia Anthology of Traditional Chinese Literature*. New York: Columbia University Press, 1994.

Miller, Jacques-Alain. *Sutilezas analíticas*. Buenos Aires: Paidós, 2011.

---. *Cuando el otro es malo…* Buenos Aires: Paidós, 2011.

---. *Extimidad*. Buenos Aires: Paidós, 2010.

---. *Conferencias porteñas*. Tomo 2. Buenos Aires: Paidós, 2009.

Molloy, Sylvia. "Dos lecturas del cisne: Rubén Darío y Delmira Agustini". *La sartén por el mango*. Ed. González, Patricia Elena y Eliana Ortega. Río Piedras, PR: Ediciones Huracán, 1985. 57-69

Noguerol, Francisca. "De parisitis y rastacuerismo: Rubén Darío en Francia". En García Morales, Alfonso, ed. *Rubén Darío. Estudios en el centenario de* Los raros *y* Prosas Profanas. Salamanca: Universidad de Sevilla, 1998. 165-188

Ortega, Julio. *Rubén Darío*. Barcelona: Omega, 2003.

Owen, Stephen, ed. *An Anthology of Chinese Literature*. New York-London: W.W. Norton & Co., 1996.

Rama, Ángel. *Las máscaras democráticas del modernismo*. Montevideo: Fundación Ángel Rama, 1985.

Reyes, Alfonso. "Rubén Darío en México". *Estudios sobre Rubén Darío*. Mejía Sánchez, Ernesto, comp. México: Fondo de Cultura Económica y Comunidad Latinoamericana de Escritores, 1968. 14-26

Rivera-Rodas, Oscar. "La 'crisis referencial' y la modernidad hispanoamericana". *Hispania* 83. 4 (Dec., 2000): 779-790

---. "Función transformacional del significante en el discurso modernista". *Hispania* 70.2 (May, 1987): 231-239

Said, Edward. *Orientalismo*. Madrid: Editorial Debate, S.A., 2002.

Salgado, María A. "Rubén Darío y 'La Rachilde': reflexiones sobre la nueva mujer, la literatura pornográfica y la feminidad en el fin de siglo hispano". En *Miradas críticas sobre Rubén Darío*. Urbina, Nicasio, ed. Managua y Miami: Fundación Internacional Rubén Darío, 2005. 265 – 279

Salinas, Pedro. *La poesía de Rubén Darío*. Buenos Aires: Editorial Losada, 1948.

Schreber, Daniel Paul. *Memorias de un enfermo nervioso*. Buenos Aires: Libros Perfil, 1999.

Urbina, Nicasio, ed. *Miradas críticas sobre Rubén Darío*. Managua y Miami: Fundación Internacional Rubén Darío, 2005.

Yurkievich, Saúl. *Celebración del modernismo*. Barcelona: Tusquets, 1976.

Zhong, Xu Yuan. *Songs of the Immortals. An Anthology of Classical Chinese Poetry*. London: Peguin Books, 1994.

Zizek, Slavoj. *Mirando al sesgo. Una introducción a Jacques Lacan a través de la cultura popular*. Buenos Aires: Paidós, 2004.

---. *The Ticklish Subject: The Absent Center of Political Ontology*. London & New York: Verso, 1999.

Cronología

A. *Bio-bibliografía de Rubén Darío*

1867 Félix Rubén García Sarmiento nace el 18 de enero en Metapa, Nicaragua, hijo de Manuel García y Rosa Sarmiento, primos segundos casados previa gestión de dispensas eclesiásticas. Rubén, no obstante, es criado por sus tíos abuelos Bernarda Sarmiento y el coronel Félix Ramírez Madregil, a quien siempre creyó ser sus padres. Mucho después se enteraría de que el 'tío' Manuel era su verdadero padre y en muy escasas ocasiones vio a su madre. Al mes de nacido, lo trasladan a León. Como la familia paterna era conocida por el apellido Darío, Rubén lo adopta más tarde.

1879 Aparecen publicados sus primeros poemas: "La fe", "Una lágrima", "El desengaño". Lo envían a educarse en León con los jesuitas.

1880 Colabora con la revista literaria de la ciudad de León, *El Ensayo*, y se lo comienza a conocer como el "poeta niño".

1882 A fin de obtener una beca y con la ilusión de trasladarse a Europa, lee en Managua ante el presidente Joaquín Zavala el poema "El libro". El liberalismo y el tono anticlerical del poema chocan con las ideas conservadoras del presidente y no obtiene la beca. Colabora con periódicos de Managua, *El Ferrocarril* y *El Porvenir de Nicaragua*. Apenas conoce a Rosario Emelina Murillo intenta casarse. Para evitar esto, sus amigos lo envían a El Salvador, país en el que conocerá al poeta Francisco Gavidia de gran influencia en su obra, especialmente porque con Gavidia explora las posibilidades métricas y rítmicas del verso francés; en particular, Darío intenta adaptar el alejandrino francés a la métrica española.

1883 Contrae la viruela y regresa a Nicaragua.

1884 Consigue un empleo en la Biblioteca Nacional de Managua y también trabaja en la Secretaría Privada del presidente Adán Cárdenas.

1886 Por sugerencia del General salvadoreño Juan José Cañas, el 5 de junio se embarca para Chile y desembarca en Valparaíso el 23 del mismo mes. Con Eduardo Poirier, escribe *Emelina*, novela sentimental, destinada a participar sin éxito en un concurso literario. En Santiago de Chile, a excepción de su amistad con Pedro Balmaceda Toro, no es recibido muy bien recibido por los intelectuales; sufre además discriminación por el color de su piel y su pobreza. Comienza a trabajar en el diario *La Época*.

1887 Se publica *Abrojos,* libro que expresa su estado de ánimo melancólico, su sufrimiento y el desdén del que es objeto en Chile. También publica *Otoñales* y *Canto épico a las glorias de Chile*, que fueron preparados para participar en un concurso convocado por Francisco Valera, millonario chileno. Trabaja en *El Heraldo*.

1888 Aparece *Azul...*, libro fundamental que inicia la renovación de la literatura en lengua castellana. Manuel Darío, su padre, muere en Nicaragua. Se publica *Primeras notas*, que incluye obras escritas con anterioridad que ya muestran formas poéticas novedosas.

1889 Después de una breve estadía en Lima, donde conoce a Ricardo Palma, regresa a Nicaragua y viaja de nuevo a El Salvador. Lo nombran director del diario *La Unión*, defensor de la unidad centroamericana.

1890 Al morir su íntimo amigo Pedro Balmaceda, hijo del presidente chileno, Darío publica en su homenaje *A. de Gilbert*. Se casa con Rafaela Contreras en El Salvador. Se traslada a Guatemala a raíz de un golpe de estado realizado por el general Ezeta, a quien Darío le rechaza sus ofrecimientos de trabajo. En Guatemala Darío denuncia en *El Imparcial* la traición de Ezeta. Aparece la segunda edición de *Azul...*, ampliada y con prólogo de Juan Valera.

1891 Boda religiosa con Rafaela Contreras en la catedral de Guatemala. Viaja luego a San José, Costa Rica. Nace su hijo Rubén Darío Contreras.

1892 Deja a su familia en Costa Rica, viaja a Guatemala y Nicaragua, y luego a España a participar, enviado por el gobierno de Nicaragua, de las celebraciones del 4to. Centenario del Descubrimiento de América. En la escala del barco en La Habana, conoce a Julián del Casal. En Madrid, se vincula a grandes personalidades de la literatura y la cultura españolas: Juan Valera, José Zorrilla, Emilio Castelar, Marcelino Menéndez y Pelayo, Emilia Pardo Bazán, Antonio Cánovas del Castillo, Núñez de Arce, etc.

1893 Viaja a Nicaragua. Muere en San Salvador su esposa Rafaela Contreras. Se casa—o lo casan por medio de un complot familiar y en estado de embriaguez—con Rosario Murillo el 8 de marzo. Viaja a Panamá a pedido del presidente Miguel Antonio Caro, y de allí, dejando a Rosario, viaja como cónsul colombiano a Buenos Aires, haciendo escala en Nueva York, donde conoce a José Martí, y en París, donde conoce a Verlaine. Alejandro Sawa y Enrique Gómez Carrillo lo introducen al ambiente bohemio de la capital francesa. Rosario da a luz a Darío Darío, que fallece semanas después a causa del tétano. Es muy bien recibido en Buenos Aires. Sigue escribiendo para *La Nación*, pero colabora también en *La Prensa*, *La Tribuna* y *El Tiempo*. Lleva una vida de desenfreno en la capital Argentina y se rodea de políticos e intelectuales, como Bartolomé Mitre, Leopoldo Lugones, Rafael Obligado, Federico Gamboa y Ricardo Jaimes Freyre.

1894 Publica la *Revista de América*, en colaboración con Ricardo Jaimes Freyre.

1895 Rosa Sarmiento, su madre, a quien vio dos veces en su vida, muere en San Salvador el 3 de mayo.

1896 Aparece *Los raros*. Publica también en Buenos Aires *Prosas profanas y otros poemas*, que convierte a Darío en el líder de la revolución poética modernista.

1897 Publica la novela inconclusa *El hombre de oro*, en la Biblioteca de Groussac.

1898 Viaja nuevamente a España como corresponsal del periódico argentino *La Nación*, para cubrir la guerra entre España y EE. UU. Llega a Barcelona el 22 de diciembre.

1899 En Madrid, conoce a Francisca Sánchez, una campesina analfabeta de la provincia de Ávila, con la que vivirá el resto de su vida. Se relaciona con jóvenes escritores modernistas de la Península, como Ramón del Valle-Inclán, Jacinto Benavente y Juan Ramón Jiménez.

1900 Enviado por *La Nación*, asiste a la Exposición Universal de París. Viaja también por Italia para cubrir el Año Santo. Nace su hija Carmen Darío Sánchez, que muere de viruela y a la que Darío no llega a conocer.

1901 Los artículos escritos para *La Nación* se publican en París en forma de libro, con el título de *España contemporánea*. También en la capital francesa aparecerá la segunda edición de *Prosas profanas* y *Peregrinaciones*, crónicas de sus viajes.

1902 Conoce a Antonio Machado.

1903 Es nombrado Cónsul de Nicaragua en París. Nace su hijo Rubén Darío Sánchez, apodado por su padre como 'Phocás, el campensino'.

1904 Viaja por el sur de España y llega a Tánger. Hace viajes a Alemania, Austria-Hungría y regresa a Italia. Sus impresiones de viaje aparecen bajo el título de *Tierras solares*.

1905 Aparecen sus *Cantos de vida y esperanza*. Escribe el poema "A Roosevelt". Muere su hijo Phocás a causa de una bronconeumonía.

1906 Se publican sus crónicas escritas para *La Nación*, bajo el título *Opiniones,*. Asiste a la Tercera Conferencia Panamericana en Río de Janeiro y regresa a Buenos Aires.

1907 Pasa el invierno de 1907 en Mallorca con Francisca. Inicia la escritura de una novela que no concluye, *La isla de Oro*. Se reúne en París con Rosaro Murillo, quien acepta el divorcio a cambio de una suma desproporcionada de dinero que Darío se niega a pagarle. Su segunda hija muere al nacer. Finalmente nace otro hijo al que llama Rubén Darío Sánchez y a quien apoda Güicho. Se publica *El canto errante*. Viaja a Nicaragua para gestionar su divorcio con Rosario, acciones que fracasan. Es recibido triunfalmente en su país natal. El presidente Zelaya lo nombra ministro con residencia en España.

1909 Derrocado el presidente Zelaya en Nicaragua, Darío renuncia a su puesto diplomático en Madrid. Publica su *Viaje a Nicaragua e intermezzo tropical,* una compilación de artículos y poemas.

1910 Publica *Poema del otoño y otros poemas*. Viaje desafortunado a México para asistir a las celebraciones por el centenario de la Independencia. Al ser derrocado José Madriz, presidente de Nicaragua después del derrocamiento de Zelaya, se le impide el viaje a la ciudad de México. Porfirio Díaz se niega a recibirlo y Darío presiente el inicio de la Revolución Mexicana. Permanece unos días en Veracruz y luego viaja a Cuba.

1912 En París se hará cargo de la dirección de dos revistas, una literaria llamada *Mundial* y otra dirigida al público femenino, bajo el título de *Elegancias*. Hace una gira latinoamericana y escribe su *Autobiografía* e *Historia de mis libros*. Viaja a Hamburgo y aparece *Letras*. Se incrementan sus problemas de salud y sus crisis psicológicas causadas por el alcoholismo.

1913 Se instala en Mallorca en un viejo castillo en el que habían vivido Chopin y George Sand. Allí escribe una novela autobiográfica titulada *El oro de Mallorca*. Se traslada a Barcelona. Se deteriora su salud mental. Regresa a Barcelona y se aloja en la casa del presidente Zelaya.

1914 Vive unos meses en la capital francesa y publica *Canto a la Argentina y otros poemas*. Se traslada a Barcelona, donde se incrementan sus alucinaciones y su obsesión con la idea de la muerte. Al estallar la Primera Guerra Mundial, inicia en Barcelona una malograda gira pacifista por América. Deja a Francisca y sus hijos en España, y el 12 de noviembre llega a New York donde contrae una pulmonía, agravada por su lamentable situación económica.

1915 Lee su poema "Pax" en la Universidad de Columbia, en Nueva York. Viaja a Guatemala invitado por el dictador Estrada Cabrera y regresa a Nicaragua con Rosario Murillo.

1916 El 6 de febrero muere en León, Nicaragua. Sus restos se encuentran en la catedral-basílica de la Asunción, en la ciudad de León, en la que transcurrió su infancia.

B. *Acontecimientos políticos y sociales*

1867

Comienza la era Meiji en Japón

Napoleón III retira su ejército de México

Muerte de Maximiliano en México

1868

Guerra de los 100 años en Cuba

1869

Se inaugura el Canal de Suez

1870

Unificación italiana

Guerra Franco-Prusiana

1871

Unificación Alemana

Comuna de París

1874

Se inicia la dictadura de Porfirio Díaz en México

1876

La India es convertida en un imperio y se nombre un Virrey

1877

Victoria I es proclamada Emperatriz de la India

1879

Guerra del Pacífico o del Salitre

Guerra entre los ingleses y zulúes en el sur de África

1880

Abolición de la esclavitud en Cuba.

1882

Reino Unido ocupa Egipto y crea un protectorado

Los belgas se extienden por el Congo

Muerte de Garibaldi

1884

Comienza la expansión colonial alemana

1886

El Primero de mayo se produce en Chicago la primera huelga general de trabajadores exigiendo la jornada laboral de 8 horas.

Se funda la Segunda Internacional

1887

Los etíopes luchan contra los italianos en Dogali

1888

Fin de la esclavitud en Brasil

1890

Constitución de Japón

Bismark es destituido en Alemania

1891

Alianza Franco-Rusa

1893

Se promulga en Francia la Ley de Seguridad Social

1894

Comienza la guerra chino-japonesa

1895

José Martí inicia la insurrección independentista de Cuba

1897

Guerra entre Grecia y Turquía por la isla de Creta

1898

Guerra entre Estados Unidos y España. España pierde Filipinas y Cuba

1899

Comienza la guerra Anglo-Boers

1900

Guerra de los Boxers en China

Se crea el Tribunal Internacional de La Haya

1901

Muere la reina Victoria I en Inglaterra

1904

Entente Cordiale entre Francia y Reino Unido

Reelección de Teodoro Roosevelt

1905

Domingo Rojo en Rusia, estalla la primera revolución

1906

Terremoto catastrófico de San Francisco

Partido Laborista en el Reino Unido

1910

Japón anexiona Corea

Se inicia la Revolución Mexicana

1912

Primera Guerra de los Balcanes

China se convierte en República

1913

Segunda Guerra de los Balcanes

1914

Se inicia la Primera Guerra Mundial

Se inaugura el Canal de Panamá

C. *Acontecimientos culturales y literarios*

1867

Marx publica *El capital*

1868

Se patenta la primera máquina de escribir

1869

Primer concilio Vaticano

1871

Nacen Marcel Proust y Paul Valery

1873

León Tolstoi publica *Ana Karenina*

1875

Nace Thomas Mann

1876

Alexander Bell patenta el primer teléfono

1877

Thomas Edison inventa el fonógrafo

1879

Edison inventa la bombilla eléctrica

1880

Fedor Dostoyevski publica *Los hermanos Karamazov*

1881

Nacen Pablo Picasso y Juan Ramón Jiménez. Muere F. Dostoyesvski

1882

Se abre en Nueva York la primera planta hidroeléctrica

1883

Nacen Franz Kafka y José Ortega y Gasset

1885

Pasteur descubre la vacuna contra la rabia

K. Benz y G. Daimler inventan independientemente el primer automóvil de combustión interna

Muere Víctor Hugo

1887

Nace el arquitecto Le Corbusier

1888

George Eastman inventa la cámara fotográfica K. Stanislavski inaugura la Sociedad de Arte y Literatura

1889

Iván P. Pavlov publica sus trabajos sobre reflejos condicionados

1890

Gustave Eiffel construye la torre que lleva su nombre en París

1891

León XIII publica la encíclica *Rerum Novarum*

Oscar Wilde da a conocer *El retrato de Dorian Grey*

1893

Estados Unidos abre su primera central eléctrica Rudolf Diesel inventa el motor diesel

Nace Erwin Piscator.

1895

Los hermanos Lumiere proyectan en París su primera película

Wilhelm Röentgen descubre los rayos X.

Muere José Martí

1896

Antoine Becquerel descubre la radioactividad

Henry Ford prueba en el primer automóvil fabricado en Detroit

Muere Paul Verlaine

1898

Nacen Ernest Hemingway y Federico García Lorca

Stanislavski estrena *La gaviota*, de Anton Chéjov

1899

Aparece la aspirina

Primer Concilio Plenario de América Latina

1900

Freud publica *La interpretación de los sueños*

Max Planck crea la física cuántica

Karl Lansteiner descubre los grupos sanguíneos

Ferdinand von Zeppelin realiza el primer vuelo en un dirigible

Olimpiada de París

Exposición Universal de París

1901

Se entregan los primeros Premios Nobel

Marconi une Europa y América con ondas de radio

F. Nietszche publica *La voluntad de poder*

1902

Se construyen los primeros rascacielos en Nueva York

Nace Rafael Alberti

1903

Los hermanos Wright realizan el primer vuelo con motor

1904

Finaliza la construcción del tren transiberiano

Nacen Salvador Dalí y Pablo Neruda

1905

Domingo Rojo en Rusia, estalla la primera revolución

Einstein publica la teoría de la relatividad

El grupo Die Brücke (El Puente) funda en Dresde la primera organización expresionista

1906

Muere Bartolomé Mitre, fundador de *La Nación* de Buenos Aires

1908

Gris, Picasso, Braque y Matisse inicial el Cubismo

Se inaugura el Teatro Colón de Buenos Aires

Stanislavski estrena en Moscú *El pájaro azul* de Maurice Maeterlinck, emblema del teatro simbolista

1909

Robert Peary llega al Polo Norte

Muere Catulle Mendès

1910

Pío X declara a la Virgen de Guadalupe patrona de América

Nace la Madre Teresa de Calcuta

1911

Roald Amundsen conquista el Polo Sur

Nace el pintor chileno Roberto Matta

Exhibición de un grupo de pintores expresionistas en Múnich (Kandinsky, Franz Marc, Paul Klee, Auguste Macke).

1912

Se hunde el Titanic

1913

Primera cadena de montaje fabril aplicada a automóviles

1916

Nace Camilo José Cela

Argus-*a*

Artes y Humanidades / Arts & Humanities

Buenos Aires – Los Angeles

2015

www.ingramcontent.com/pod-product-compliance
Lightning Source LLC
Chambersburg PA
CBHW030921180526
45163CB00002B/426